DE
LA FORCE
DU GOUVERNEMENT ACTUEL

DE LA FRANCE
ET

DE LA NÉCESSITÉ

DE S'Y RALLIER.

PAR

BENJAMIN CONSTANT.

1 7 9 6.

LE moment actuel est l'un des plus impor-
tans de la Révolution. L'ordre & la liberté
font d'un côté, l'Anarchie & le despotisme, de
l'autre. Peu d'instans font encore donnés pour
se prononcer ; il faut se hâter de déposer les
souvenirs & les haines, ou demain ces haines
feront remplacées par d'inutiles regrets, ces
souvenirs par d'amers remords.

J'ai recueilli, fur la néceffité de se rallier
au Gouvernement, quelques idées qui m'ont
semblé utiles, & fur ces premiers pas dans la
carrière constitutionelle, quelques réflexions
qui m'ont paru raffurantes.

On trouvera, peut-être, des expreffions
févères fur des hommes qui méritent l'eftime ;
plus leurs intentions font pures & leurs caractères eftimables, plus leurs erreurs peuvent
être funestes.

Il faut que ces hommes se rapprochent du
Gouvernement, & non le Gouvernement de

ces hommes. Lorsqu'ils entrent dans son sens, ils y portent l'honnêteté & la modération, mais lorsqu'ils le font entrer dans le leur, ils lui donnent de la vacillation & de la faiblesse.

L'esprit de parti gagne seul à juger des institutions par les personnes, des opérations par les agens, & à dévancer les mesures par un blâme, qui souvent ne devient juste que parce qu'il fut prématuré.

Un défaut qui caractérise presque tous ceux qui ont joué un role dans la Révolution, & surtout les vaincus après leur défaite, c'est de vouloir toujours ramener les choses au lieu de les suivre. Ils regardent leur triomphe comme le but général, & croyent que le but ne peut s'atteindre, dès qu'on les a dépassés.

N'étant attaché à aucun parti par aucun intérêt, inconnu même à la plupart des individus, nul motif personnel n'a pu diriger mes jugemens. Je desire ardemment voir se terminer la Révolution, parce qu'elle ne saurait désormais être que funeste à la liberté; & c'est une de mes raisons pour désirer ardemment auffi l'affermiffement de la République, à laquelle, d'ailleurs, me femble attaché tout ce qu'il y a de noble & de grand dans les deftinées humaines.

Il a été loin de ma penfée d'écrire contre aucun genre de gouvernement, d'inviter aucun état monarchique à renoncer à la Royauté, aucune Ariftocratie à adopter des formes démocratiques : mais j'ai cru du devoir rigoureux de tout ami de l'humanité, d'exhorter une nation qui fe gouverne par fes repréfentans, à refter fidèle au gouvernement repréfentatif.

L'expérience des Révolutions, l'amour de l'ordre & de la paix nous commandent de refpecter ou de ménager les inftitutions de tous les peuples : mais tous les fentimens réunis exigent de nous le même refpect, les mêmes ménagemens pour les Inftitutions Républicaines.

DE LA FORCE

DU GOUVERNEMENT ACTUEL

DE LA FRANCE

ET

DE LA NÉCESSITÉ
DE S'Y RALLIER.

CHAPITRE I.

Des hommes qui ont attaqué la Convention.

IL y a, dans toutes les Sociétés, une claſſe d'hommes ſcrupuleux, vétilleurs & mécontens, qui ont des talens, de l'honnêteté, une mémoire implacable, & une vanité ſans bornes. Ces hommes ne ſont pas dangereux aux gouvernemens, mais ils leurs ſont importuns. Ils ne les attaquent pas, mais ils les chica-

A 4

nent, les harcelent, les fatiguent. Mettant un prix égal à toutes leurs idées, ils reviennent à la charge, avec une égale infiftance, fur les queftions les plus grandes & fur les plus petits griefs. L'Importance qu'ils attachent aux chofes ne naît pas des chofes en elles-mêmes, elle naît d'eux : une opinion leur paraît confacrée lorfqu'ils ont pris fa défenfe, & comme ils ne voient le falut de l'Etat que dans leur confidération individuelle, ils fe font un devoir d'une perfévérance qui, fouvent appliquée à des objets, foit minutieux, foit irréparables, a le défavantage, alternativement, d'ufer leur influence, ou de la rendre fâcheufe, d'aigrir les hommes en place, ou de les accoutumer au blâme, & finit même par réunir ce double inconvénient.

Ces hommes, cependant, font utiles dans un gouvernement vieux & abufif. Ils le tiennent dans une forte d'inquiétude falutaire, qui empêche l'excès des abus, en en troublant la jouiffance. D'ailleurs, leurs forces font proportionnées à leur objet. Ils modérent l'action irrégulière de refforts ufés, en lui oppofant de faibles obftacles.

Ils font, au contraire, non-feulement inutiles, mais effentiellement dangereux, dans les révolutions, & dans les gouvernemens naiffans. Ils ne peuvent rien contre une impulfion irréfiftible, & néanmoins, par les entraves qu'ils effayent d'y mettre, ils font croire au befoin d'une vélocité additionnelle. L'inquiétude qu'ils infpirent, fe joignant aux paffions violentes créées par des dangers & des efforts extraordinaires, devient aifément de la fureur. Leurs chicanes, qui ne troublaient en rien la fécurité d'un gouvernement établi, prennent, par une fuite naturelle de la défiance inféparable des hommes & des inftitutions nouvelles, l'apparence de complots : les gouvernans confondent des évolutions avec des attaques, des fleurets avec des poignards, & ceux qui ne veulent que briller avec ceux qui ont deffein de nuire.

Laiffer parler eft ce que les hommes en place apprennent le plus difficilement, & ce qu'il leur eft pourtant le plus néceffaire de favoir. Or un bourdonnement continuel d'aigreur, d'infinuations, & d'amertume, met l'obftacle le plus invincible à l'acquifition de cette fcience.

Les hommes dont je parle font impatien-

tans furtout, par une forte de raifonnement,
exact en apparence & faux dans le fait, à
l'aide duquel ils méconnaiffent toujours les
conféquences de tout ce qu'ils font : ils ont
méfuré mathémathiquement l'éloignement
ou il faut être d'un magafin à poudre pour
ne pas le faire fauter : ils vont, fans befoin,
fans utilité, pour le feul honneur de leur
théorie, fe placer avec des matiéres inflam-
mables précifément fur la ligne qu'ils ont tracée : le feu prend aux poudres, vous êtes renverfé, bleffé ; mais ils vous prouvent avec
toute la logique du monde que le magafin
n'eut pas dû fauter. Eh ! mefurez moins &
éloignez-vous ; il nous importe peu d'admi-
rer vos calculs & beaucoup de prévenir l'explofion.

Ces hommes ont encore le fingulier malheur de n'appercevoir aucun des change-
mens apportés par les évènemens mêmes
dont ils fe plaignent, dans les opinions, dans
les intérêts, dans les chofes & dans les per-
fonnes. Ils ne voient pas que les Révolutions
font difparaître les nuances, qu'un torrent
nivele tout. Ce font d'anciens foldats, qui,
ayant fait dans un pays une guerre de poftes,

veulent continuer cette guerre & reprendre ces poftes, après que le terrein a été bouleverfé par un tremblement de terre.

Ces hommes ont joué un petit rôle & fait un grand mal dans la derniere époque de la Révolution. Ils y font arrivés avec toutes ces petites fineffes, toutes ces gentilleffes de perfiflage, tous ce cliquetis de plaifanteries & d'allufions, toutes ces graces de bel efprit qui avaient fait leur fuccès dans l'ancien régime, & ils ont voulu lutter, avec de pareilles armes, contre des hommes nouveaux, violens, énergiques, qui avaient appris à braver plus que le danger, & dont le caractère avait été formé par la plus terrible éducation révolutionnaire.

Plus d'une fois, une infinuation amère a retardé le rapport d'un mauvais Décret, une allufion bleffante a provoqué une mefure injufte, un imprudent fouvenir a rendu des hommes déja répentans implacables fur leurs fautes, car le défefpoir des coupables eft bien différent des remords.

Ces hommes ont offert, depuis le premier Prairéal jufqu'au treize Vendémiaire, un fpectacle vraiment unique, & auquel on ne peut croire, lorfqu'on n'en a pas été témoin.

Ceux qui, à cette époque, fe trouvaient revêtus de tous les pouvoirs, honteux d'avoir long-tems fupporté la plus exécrable tyrannie, gardaient la puiffance prefque malgré eux & comme une fauvegarde, & cherchaient, par tous les moyens, par toutes les déclarations, par toutes les démonftrations imaginables, à obtenir l'indulgence d'une nation écraféé, découragée, défarmée, fans union, fans force, qui, fix mois auparavant, aurait rendu graces au Defpotifme, fi, en rivant fes chaines, il eut renverfé les échaffauds.

Que firent ces hommes, qui, au nom de cette nation, s'étaient proclamés les organes de l'opinion publique? Ils fe déclarèrent inéxorables dans leur faibleffe, implacables dans leur impuiffance, & refufèrent obftinément d'accorder un pardon, qui feul pouvait fauver leur patrie, à ceux qu'ils laiffaient maître de fa deftinée, & qu'ils forçaient ainfi à s'emparer par la violence de l'impunité qu'ils auraient confenti à mériter.

Ils reprochaient avec amertume au gou-

vernement d'avoir fait le mal, & ils ne vou-
laient pas lui favoir gré de faire le bien. Ils
exigeaient à grands cris des réparations, fans
promettre, ou plutôt en refufant d'avance
toute indulgence. Ils acculaient les hommes en place de la férocité des démons, &
ils les provoquaient comme s'ils leur euf-
fent connu la patience des anges. Ils s'ap-
pliquaient à confondre les innocens avec
les coupables, les faibles avec les criminels.
Les cachots, la profcription, tout ce qui
avait évidemment empêché près de la moitié
de la convention de prendre une part même
paffive à la tyrannie, le zèle, que, depuis
fa délivrance, elle mettait à repouffer de fon
fein, avec une précipitation quelquefois irrégulière, ceux de fes membres qui étaient
inculpés, ne défarmaient en rien la févérité
de fes Cenfeurs. On aurait dit que c'était
pour eux un triomphe de démontrer, que
parmi 750 hommes, qui difpofaient de leurs
fortunes & de leurs vies, il ne fe trouvait
pas un homme honnête. Ils s'efforçaient de
changer les regrets en effroi, les remords
en fureur, & ils s'étonnaient enfuite de ce

que cette fureur & cet effroi ne menaient pas toujours à des mesures sages & douces.

Depuis le premier Prairéal, la majorité de la Convention, à laquelle on peut aujourd'hui rendre justice, sans paraître suspect, car elle a cessé d'être, & personne, graces au Ciel, n'a hérité de sa trop vaste puissance, la majorité, dis-je, de la Convention, éclairée par de longues calamités, avait évidemment des intentions pures. Les tentatives féroces des Terroristes lui avaient inspiré une telle horreur, & le sentiment de ses torts une telle modération que six mois d'outrages & une victoire n'ont heureusement pu ni lui faire oublier l'une, ni la faire dévier de l'autre, tant elle était courbée sous le poids des souvenirs. L'accueil qu'elle fit à toutes les idées saines que contenait le projet de la Commission des onze, l'enthousiasme avec lequel elle applaudit à des vérités qui toutes étaient pour elle des reproches plus ou moins directs, son empressement à limiter sa propre puissance, ne laissent aucun doute à cet égard. On m'objectera que ces intentions que je loue, que cette modération que j'admire, étaient le fruit tardif de

deux horribles années & de faibleffes inexpia-
bles, pour ne rien dire de plus; cela peut-
être : mais ne fallait-il pas l'encourager dans
cette convertion inefpérée ? Ne fallait-il pas
profiter de la raifon qu'elle avait acquife, pour
recevoir d'elle une conftitution ftable dont
la France avait un fi grand befoin ? De ce
que des hommes puiffans ont été long-tems
faibles ou même coupables, en réfulte-t-il,
lorfqu'ils ont en main le fort de l'empire,
qu'il faille les placer fans ceffe entre leurs
intentions & leur vanité, leur intérêt & leur
devoir ?

  C'eft en louant les hommes qu'on les pouf-
fe vers le bien; c'eft en fe montrant per-
fuadé qu'ils ne peuvent fe refufer aux actions honnêtes, qu'on les force à ces actions.
Le Ciel a donné au crime même une forte
de pudeur, qui n'ofe pas démentir les vertus
qu'on lui attribue & qui lui fert de conf-
cience. Lorfqu'il eft puiffant, loin de le dé-
mafquer, il faut lui prêter un mafque : en
déguifant fa laideur, on la diminue, parce
qu'elle n'eft fouvent que le fruit de l'idée
qu'il en a conçue, & ainfi réagit fur elle-
même. J'ai vu plus d'une fois la générofité,

l'humanité, toutes les vertus, en un mot, qui tiennent à la grandeur, & prêtent à l'oſtentation, naître d'un éloge dans les cœurs déjà corrompus; ils n'oſaient pas repouſſer l'éloge, & en le recevant ils ſe ſentaient engagés.

Quel était donc le but des meneurs de l'opinion, lorſqu'ils ſemblaient prendre à tâche de prouver à l'aſſemblée qu'elle ne pouvait rien réparer, qu'il n'exiſtait pour elle, dans le bien, aucune ſécurité, que ſon intérét était le mal, que dans le mal était ſon azyle?

Quel était ce délire inexplicable, qui les entraînait à répéter de toutes manières aux Conventionnels, que, dès qu'ils auraient dépoſé leur puiſſance, on s'occuperait de leur châtiment, & qui les faiſait s'étonner enſuite de ce qu'ils tardaient à dépoſer leur puiſſance? Ils leur démontraient, avec l'évidence la plus déſaſtreuſe, que le pouvoir ſeul était leur égide, puis ils leur faiſaient un crime de vouloir garder ce pouvoir!

Ils craignaient, diſaient-ils, le rétabliſſement de la terreur. Il fallait donc convaincre la Convention que la terreur eût, même me pour elle, été dangereufe; ils travaillaient, au contraire à lui perfuader que la terreur lui était néceffaire.

Souvent, en contemplant cette étrange frénéfie, je me fuis demandé fi le but de ces hommes était de facrifier les triftes reftes d'une génération déjà décimée par Robefpierre.

Souvent, en écoutant ces adreffes outrageantes, prononcées à la barre d'une affemblée ardente & tumultueufe, je me fuis demandé fi l'ombre des Décemvirs pouffait les Orateurs à leur infçu contre une Convention irritable, pour obtenir, du choc de tant de paffions froiffées, une vengeance digne de leurs manes.

Non, ce n'était pas dans un but atroce que ces infenfés mettaient ainfi leur infortunée patrie en danger. La vanité les égarait, le défir puérile de faire effet, le chétif triomphe de prononcer en public des phrafes, qui avaient ceffé d'être courageufes, dès qu'on avait pu les répéter.

Tant & de fi miférables caufes décident des révolutions des empires & des deftinées de l'humanité! Si la convention n'avait pas été plus éclairée que ces hommes fur leur

B

propre faibleſſe, ſi elle eût pu les croire auſſi
redoutables qu'ils oſaient ſe flatter de l'être,
nul doute que la terreur, qu'ils provoquaient, avec une ſi opiniâtre imprudence,
n'eut enſanglanté de nouveau le ſol dévaſté
de cette malheureuſe contrée! Et certes, ce
n'eſt pas un petit mérite à cette aſſemblée
d'avoir marché vers la liberté, quand on la
repouſſait vers la route de la tyrannie,
d'avoir reſpecté les barrières qu'elle s'était
poſées, lorſqu'on élevait ſur ces barrières
des batteries pour la foudroyer, & d'avoir
ſu reſter conſtitutionnelle & modérée, lorſqu'on la forçait de redevenir révolutionnaire & toute-puiſſante.

CHAPITRE II.

De la force que les circonſtances actuelles don-
nent au Gouvernement.

CES déplorables erreurs, qui ſont encore
trop près de nous pour n'exciter que l'étonnement, venaient ſurtout de ce que la force
du Gouvernement était méconnue : on pre-
nait le répentir pour de la faibleſſe, & le de-
ſir de reparer pour l'impoſſibilité de nuire.

Cette mépriſe a été générale depuis la chûte de Robeſpierre : à combien de dangers
n'a-t-elle pas expoſé la France! L'expérience
du 13 Vendémiaire paraît l'avoir diſſipée :
mais que de fois depuis 6 années n'avons-
nous pas vu l'expérience n'être de rien dans
la conduite des hommes ? La Révolution ſem-
ble les avoir doués de la plus funeſte mémoire ſur ce qui eſt irréparable , & les avoir
frappés d'un aveuglement non moins funeſte,
ſur ce qui peut cauſer de nouveaux malheurs.
Marchant vers l'avenir le dos tourné , ils ne

contemplent que le paffé : leurs fouvenirs font tous en reffentimens, & ils ont de l'oubli toute l'imprévoyance.

Il eft donc utile de prouver que le Gouvernement eft fort par lui-même, qu'il ne peut jamais être attaqué avec avantage, que jamais la chance des agreffeurs ne peut être auffi favorable qu'elle l'était en Vendémiaire, & que la Victoire de la Convention a été bien moins une fuite des fautes des fections, fautes que de nouveaux mécontens fe flatteraient d'éviter, qu'une conféquence de l'état actuel & durable de la République.

Cette République a pour elle un premier avantage qu'on ne reconnaît point affez, c'eft d'être ce qui eft le plus établi. Une femme d'efprit difait, en éloge de la vie, n'eft-ce donc rien que d'*être?* C'eft pour les Gouvernemens fur-tout que ce mot eft vrai.

La moitié, pour le moins, des intérêts de la France eft attachée, dès-à-préfent, à la République. Si les difpofitions des émigrés étaient plus connues, fi les fuites inévitables d'un bouleverfement royalifte, qui ne pourrait manquer de faire triompher cette cafte, étaient mieux appréciées, on verrait fe rattacher encore, au Gouvernement qui en préferve, plus des fept huitiemes de l'autre moitié. Ainfi la République a pour elle d'*être*, plus les intéréts d'une foule d'hommes, & ceux-là formant, d'une grande nation , la partie la plus ardente, la plus enthoufiafte.

Ceux qui veulent renverfer la République font étrangement la dupe des mots. Ils ont vu qu'une Révolution était une chofe terrible & funefte, & ils en concluent que ce qu'ils appellent une contre-Révolution ferait un évènement heureux. Ils ne fentent pas que cette contre-Révolution ne ferait elle-méme qu'une nouvelle Révolution.

Les intéréts qui enchaînent à la République font d'un genre bien plus profond, bien plus intime, que ceux qui ralliaient à l'ancien régime. Les partifans de ce dernier, au commencement de ces orages, ne prévoyaient affurément pas tous les malheurs qu'ils ont éprouvés, & qui, en grande partie ont été la fuite de leur imprudente oppofition. Ils ne défendaient guères qu'une portion de leur fortune, leurs préjugés & leur vanité. Que de calamités, cependant, n'a pas entraîné cette lutte inégale ?

Ceux qui ont lié leur sort à la République ont à défendre, au lieu de préjugés, ce qu'ils regardent comme des principes, au lieu d'intéréts perfonnels, ce qui eft pour eux une religion, au lieu de vanité, un orgueil, fi l'on veut, mais un orgueil plus profond, plus mâle, plus inhérent à leur nature, plus cher à leur cœur, car il eft pour eux la réhabilitation de leur claffe, le fruit d'une conquête, l'excufe de leur conduite, & le gage de leur fûreté. Ils ont à défendre leur fortune & de plus leur vie. Quelle ne ferait pas la fecouffe d'un pareil renverfement ?

Or qu'on refufe d'acheter même la liberté, par des convulfions, l'anarchie & le maffacre, je le conçois. Mais que dans le but bien moins ényvrant, de changer la forme d'un Gouvernement quelconque, l'on confente à des convulfions, au maffacre, à l'anarchie, je ne le conçois pas.

Il y a fans doute des mécontens : mais on a tort de prendre tous les mécontens pour des ennemis. On croit trop que ceux qui trouvent quelque chofe d'incommode dans

leur habitation font prêts à la renverfer.
L'homme a l'humeur frondeufe plus que def-
truétive. Les intéréts de la plupart de ceux
qui s'imaginent être mécontens, font liés,
quelquefois fans qu'ils le fentent, au Gouvernement : dans l'inftant du danger, l'inf-
tinét de cet intérêt fe fait entendre, & lorfque la lutte s'engage, il entraîne, non-feulement tous les hommes nuls, mais ceux
mémes qui murmurent, excepté précifément
la fraétion qui attaque.

Cet avantage d'éxifter, immenfe en tout
tems, eft bien augmenté par les circonftances préfentes.

A mefure qu'un Gouvernement vieillit,
la maffe fe neutralife. Il prend une exiftence
à part; fes moyens fe féparent des moyens
communs, & par-là même deviennent bor-
nés. Ses ennemis ont aufli leurs moyens, &
c'eft à qui fera le plus fort. Le peuple eft au
milieu, dans l'infouciance, dans l'ignorance
de la lutte, jufqu'au moment ou elle éclate.
Il n'eft averti que par l'explofion, & à cette
époque, le Gouvernement, obligé de lui tenir compte de fon immobilité, fe voit réduit

à l'état d'un parti qui combat corps à corps un parti contraire.

En France, c'est tout différent. Le Gouvernement ne s'est point encore séparé ostensiblement du peuple. La masse inerte, que son poids finit toujours par entraîner au fonds, agitée encore par la fermentation révolutionnaire, bouillonne jusqu'à la surface. Le Gouvernement sait qu'il a des ennemis, & il les connaît : le peuple sait qu'il y a des partis qui veulent renverser le système qui existe. Le choc se prépare à peine, que déjà il est obligé de se prononcer : & il ne peut manquer de le faire, en faveur du parti, qui, à l'avantage exclusif d'avoir un but connu, réunit les troupes & les trésors. Le peuple fait ce que le Gouvernement veut maintenir. Il ne fait pas ce que veulent réédifier des mécontens, qui ne lui proposent que de détruire.

Si tous les Gouvernemens étaient sûrs d'être menacés, (& celui de France, par la nature des choses, aura long-tems encore cette certitude) & s'ils forçaient toujours le peuple à se déclarer avant l'attaque, aucune insurrection ne réussirait.

Lors de l'affaire des fections, tous ces avan:
tages n'exiftaient pas. Il n'y avait pas de Gouvernement. Ceux qui avaient en main l'autorité convenaient eux-mêmes que leur puiffance était provifoire : il n'était pas queftion
de refter dans un état ftable, mais de marcher à un but. Or, lorfqu'il s'agit de marcher,
le pouvoir perd une de fes plus belles prérogatives, celle d'offrir exclufivement le repos. Il y avait un point de conteftation, fur
lequel le peuple était par fes adminiftrateurs
mêmes, appellé à prononcer. Il pouvait fe
déclarer contre les gouvernans, fans être contre le Gouvernement. Il pouvait ne voir
que des hommes, non une conftitution à
renverfer. Il pouvait prendre ce que lui pro-
pofaient les Sectionnaires pour un déplace-
ment, non pour une révolution. Il n'avait
point d'objet préfent à défendre ou à atta-
quer, mais un choix à faire pour l'avenir.
On ne lui demandait pas une révolte, mais
une décifion. Il croyait préférer, & non détruire.

Rapprochez ces circonftances de celles
ou nous fommes maintenant, & vous fenti-
rez quel défavantage immenfe ceux qui vou-

draient conspirer aujourd'hui , auraient,
comparés aux hommes de Vendémiaire, vous
avez vu pourtant le succès de ces derniers.

Observez d'ailleurs que les mécontens ,
divisés d'opinions, ne se concertent pas, ne
peuvent se concerter : qu'il y a parmi eux
une faction , qui est l'ennemie la plus dange-
reuse de toutes les autres : qu'au premier
bruit d'une insurrection , tous ceux qui ne
seraient pas dans le secret, lors même qu'ils
voudraient se rallier aux insurgens, ne le
pourraient pas, ignorant quelle faction s'in-
surge : que celle-ci n'oserait se prononcer
dès l'origine, de peur d'aliéner cinq ou six
de ses rivales : & que, de la sorte, la majorité des mécontens qui se feraient levés à la
rumeur de l'attaque, se trouveraient dans
l'armée du Gouvernement, faute de savoir
ou est le camp des ennemis, & de distinguer
leur étendart.

Or il en ferait de ces hommes, ralliés
malgré eux à l'autorité, comme des jeunes
gens de la réquisition , qui entrent dans les
rangs avec regret & qui combattent avec
héroïsme.

Un second avantage du Gouvernement

actuel, c'eft d'être décidé à fe foutenir. La plupart des Gouvernemens font fuicides : ils offrent de fe modifier, ils héfitent, ils capitulent, & tout eft perdu.

Celui de la France veut exifter dans la forme qu'il a aujourd'hui. Les individus, qui le compofent, font attachés à leur ouvrage, par tous les intérêts reunis, & en donnant aux moyens conftitutionnels & doux une jufte préférence, ils ne refuferont jamais aucun moyen proportionné au danger.

On pourra leur en faire un crime. On pourra tourner contr'eux des principes abftraits & dire qu'une conféquence de la Souveraineté du Peuple, c'eft qu'à moins que fa volonté ne foit bien clairement exprimée, un Gouvernement n'a pas le droit de défendre fon exiftence. Les mêmes hommes, qui avec raifon louent les gouvernemens étrangers de ce qu'ils s'oppofent aux Révolutions, qui font toujours un grand mal, exigeraient volontiers de celui de la France qu'il favorifât fon bouleverfement, & que fa feule occupation fut un récenfement perpétuel des voix, pour ou contre la République.

J'ai entendu faire aux hommes qui gou-
vernent le plaifant reproche de partialité,
& comme ceux qui le leur fefaient, avaient
l'adreffe de confondre l'impartialité avec la
juftice, l'on ne découvrait pas, au premier
coup d'œil, l'abfurdité de ce reproche.

La Juftice eft un devoir dans les gouvernans, l'impartialité ferait une folie & un
crime. Pour faire marcher une inftitution,
il faut qu'un homme foit partial pour l'inftitution. Il ne faut pas que, pyrrhonien politique, il aille recueillir les doutes, pefer les
probabilités, & demander fans ceffe à la majorité, fi elle perfifte à préférer la forme
actuelle. L'efprit de l'homme eft verfatile,
il faut que les inftitutions foient ftables. Il
faut maintenir la majorité en la fuppofant
invariable. Il faut lui rappeller ce qu'elle a
voulu, lui apprendre ce qu'elle veut, en lui
faifant trouver le bonheur & le repos fous
les loix. Quand il n'y aurait eu contre les
ennemis de la Convention, contre ceux
qu'on voulait mettre à la tête de la Conftitution nouvelle, que cette impartialité entre toutes les formes de gouvernement,
dont on leur fefait un mérite, & la certi-

tude que, fcrupuleux aux dépens de leur patrie; ils auraient de nouveau remis dans le doute, ce qui devait terminer fix ans de malheurs, c'en était affez pour les rejetter, & cela feul devait fuffire, pour réfoudre la trop fameufe queftion des deux tiers.

Loin de nous le Pilote incertain, qui encore balloté par une mer orageufe, mais en face du port, demande à fon équipage fi par hazard il ne voudrait pas recommencer fa route. Loin de nous le général, qui, lorfque fon armée eft en bataille, & que l'ennemi s'avance, propofe un fcrutin fecret, pour favoir fi la majorité des foldats, changée par l'arrivée de quelque recrue nouvelle, ne veut pas maintenant fe foumettre, ou fe retirer.

Le peuple fe prononce par des faits. Le 14 Juillet, il s'eft prononcé pour la liberté, le 10 Aout pour la République, le 9 Thermidor, le 4 Prairéal contre l'anarchie; voilà fon vœu. Délivrez-nous de vos doutes, ne nous fatiguez plus de votre fcepticifme, aidez nous à confolider la liberté, à faire fleurir la République, à écrafer l'anarchie, ou renfermez vous dans les écoles, faites les retentir de vos argumens, enyvrez vous de vos abstractions, & ne venez sur-tout jamais troubler nos réalités.

Bien des hommes m'ont dit, on peut être un bon Citoyen, ne pas croire à la possibilité de la République, & se soumettre à ses loix. Cela est vrai : à Dieu ne plaise que je transforme l'hésitation en perversité. Je ne veux pas, inquisiteur républicain, faire un crime d'une incertitude qu'il est impossible à certains esprits de ne pas avoir. Le Gouvernement doit protection à tous, & les opinions ne sont d'aucune jurisdiction humaine.

Mais assurément l'on conviendra que les bons Citoyens de ce genre ne sont pas propres à faire marcher une institution, qui leur paraît inexécutable.

Les plus grands moyens de l'homme sont dans sa conviction. L'enthousiasme qui promet la victoire, l'assure. On n'améliore que ce dont on veut & dont on espère la durée. L'on se résigne à faire des efforts dont on prévoit l'inutilité : mais la résignation par sa nature diminue de moitié les forces. Quand on n'a pas la responsabilité de son opinion, on agit en conscience, mais sans zèle. Il faut croire à ce que l'on doit faire aller.

Il est enfin, pour le Gouvernement français, une troisième & terrible ressource, qu'il rejettera toujours dans les tems de calme, que dans tous il frémira d'employer, & sur laquelle je croirais devoir garder le silence, si pour le salut public il ne fallait pas enfin y porter une fois un regad fixe. Jusqu'à présent l'on s'est appliqué à en faire ressortir l'horreur : ce qui était facile, sans daigner en apprécier l'étendue, ce qui pour le moins, était aussi important.

Avez vous vu quelquefois, dans une bataille, une phalange épaisse de soldats, s'avançant serrés l'un contre l'autre, de manière à ce que la vue ne perce pas au-delà du premier rang? Ils ne paraissent vouloir combattre qu'avec les armes qu'ils ont en main : on ne se prépare qu'à repousser le choc, dont ils menacent. Tout-à-coup ils s'arrêtent, font un mouvement subit, s'entr'ouvrent : une artillerie formidable se fait voir, & vomit sur l'ennemi pâlissant l'épouvante & la mort.

Les terroristes font cette artillerie du gouvernement, toujours cachée, mais toujours redoutable, & qui, toutes les fois qu'il sera forcé de l'employer, réduira en poudre ses adversaires.

Ces hommes, ou plutôt ces êtres, d'une espèce inconnue jusqu'à nos jours, phénomènes créés par la Révolution, à la fois mobiles & féroces, irritables & endurcis, impitoyables & passionés, qui réunissent ce qui jusqu'à présent paraissait contradictoire, le courage & la cruauté, l'amour de la liberté, & la soif du despotisme, la fierté qui relève, & le crime qui dégrade, ces tigres, doués par je ne sai quel affreux miracle d'une seule partie de l'intelligence humaine, avec laquelle ils ont appris à concevoir une seule idée & à reconnaître un seul mot de ralliement, cette race nouvelle, qui semble sortie des abîmes pour délivrer & dévaster la terre, pour briser tous les jougs & toutes les loix, pour faire triompher la liberté & pour la déshonorer, pour écraser & ceux qui l'attaquent & ceux qui la défendent, ces puissances aveugles de destruction & de mort, ont mis au retour de la Royauté un obstacle qu'elle ne surmontera jamais.

Ils pourraient détruire le gouvernement, mais

mais ils ne fouffriront point, qu'il foit détruit par des mains étrangères : ils font contre lui, lorfqu'il n'eft pas attaqué, parce
qu'ils font contre tout ce qui pèfe fur leurs
indociles têtes, contre tout ce qui les empêche d'affouvir leur horrible foif du fang;
mais ils feraient à lui, dès qu'on l'attaque-
rait, parce qu'ils fentent bien que les agreffeurs font plus encore leurs ennemis, que
ceux de la Conftitution établie; & qu'ils
n'ont pas cette imbécilité, caractère diftinc-
tif d'un autre parti, qui, dans fon dépit
contre des hommes qui le protégent, après
l'avoir vaincu, a toujours fouffert & fouf-
frirait encore qu'on les immolat, dût-on
marcher à lui, & l'exterminer fur leurs cadavres.

Tant que le gouvernement fera tran-
quille, il pefera fur les terroriftes; il fait
que leur triomphe ferait fa perte, il n'ignore
pas que, même en s'emparant de leur fyftême, il ne pourrait fe maintenir. Ce fyftême
n'eft que deftructif: au moment où il ne lui
refte plus rien à détruire, ou dès le milieu
de fes ravages, il doit fe tourner contre fes
auteurs, comme les animaux, atteints de la

rage, après avoir déchiré tout ce qu'ils rencontrent, finissent par se déchirer eux-mêmes.

Mais si le Gouvernement se croyait en
danger, si une faction acharnée parvenait à
forcer ses lignes, si, dans le poste périlleux
qu'avec un courage, qu'il est bien insensé
de méconnaître, il a osé prendre entre les
partisans de la terreur & ceux de la royauté,
il se voyait prêt à être immolé par ces derniers, il reculerait sans doute jusqu'auprès
des autres. S'il se voyait repoussé dans ces
tanieres sanglantes, il en ressortirait, avec
leurs féroces habitans, pour s'élancer sur
les agresseurs coupables, à qui seuls alors
en serait le crime, qui seraient comptables
de toutes les calamités de la Patrie, de tout
le sang qui serait versé.

La victoire ne serait pas douteuse : mais
qui peut en calculer les suites ? Qui peut se
flatter que le gouvernement serait toujours
assez fort pour contenir ses alliés vainqueurs ?
Qui peut prévoir où se borneraient les excès d'une conquête ? Qui comptera les malheurs, qu'entraîneraient tant de motifs nouveaux, tant de souvenirs, d'humiliations,

de fureurs! Les terroriftes, defpotes prefque
fans combats, fans reffentimens, fans outrages à venger, ont été atroces! Que ne fe-
raient-ils pas aujourd'hui! Qui ofera envi-
fager d'un œil fixe cette horrible chance?
Qui, même avec les probabilités du fuccès,
oferait l'affronter? Il n'y a pas d'expreffion
affez forte pour exprimer l'horreur qu'il
mériterait, & les noms, que nous pronon-
çons en frémiffant, feraient égalés par fon
nom.

Ce n'eft pas, il faut fe hâter de procla-
mer cette raffurante vérité, que l'immenfe
majorité des gouvernans ne foit décidée
à tout rifquer, en tout temps, pour s'oppofer au retour de la terreur. Il eft doux de
rendre juftice à ceux, que les paffions fe
plaifent à méconnaître. J'ai vu, après la jour-
née de Vendémiaire, lorfque tous les monf-
tres étaient déchaînés, des hommes, qu'une
haine abfurde appellait alors terroriftes,
parce qu'ils défendaient la République,
comme les Montagnards, les mettant hors
de la loi, lorfqu'ils réfiftaient à l'anarchie,
les avaient nommés royaliftes, j'ai vu, dis-
je, ces hommes, gémiffant fur les fuites

d'une victoire, qu'on leur avait rendue néceffaire, fe reffaifir, par le plus dangereux
effort, du pofte mitoyen qu'ils avaient été
forcés d'abandonner, & au milieu même des
profcriptions fectionaires, affronter de nouveau les profcriptions terroriftes. Graces leur
foient rendues : eux feuls ont écrafé cette
terreur renaiffante, que provoquait un parti
infenfé, & qui voulait un parti atroce.

Mais qui nous répondrait des effets d'une
nouvelle tentative? Qui pourrait fe flatter,
que tant d'imprudences réitérées, ne recueil-
leraient pas une fois leur déplorable falaire?

Hommes de tous les fyftêmes! Reconnaif-
fez enfin, que vous n'avez plus qu'un intérêt : gardez-vous de laffer le génie tutelaire
de la France, qui, depuis le 9 Thermidor,
l'a arrachée à de fi nombreux dangers : cè-
dez à la force des chofes, quelques foient
vos opinions & vos habitudes, & ralliez
vous au Gouvernement, qui vous offre la
paix & la liberté, & qui ne peut s'écrouler,
qu'en vous enfeveliffant fous fes ruines.

CHÁPITRE III.

Des maux actuels de la France.

Si cependant les maux de tout genre, que la France éprouve encore, étaient le ré-sultat néceffaire de cette forme de gouvernement, en démontrer la ftabilité n'aurait-ce pas été redoubler ces maux en détruisant jufqu'à l'efpoir de les voir finir ? Il faut donc en contempler attentivement le trifte fpectacle , & rechercher s'ils tiennent au gouvernement républicain.

La guerre extérieure néceffite une con-fommation immenfe d'hommes & de tréfors : la Vendée dévore la population des plus belles provinces; le commerce eft détruit; la marine n'exifte plus ; des affignats fans va-leur inondent la République; le défaut de numéraire force le gouvernement à des em-prunts , à des réquifitions , à des mefures deftructives de la liberté comme de l'induf-trie individuèlle ; le mécontentement inté-

C 3

rieur oblige à une furveillance inquifitoriale, & à des précautions vexatoires.

L'on ne dira pas que j'ai affaibli cet affligeant tableau : mais quand il ferait le réfultat de la révolution, qui nous a conduits à la république, pourrait-on s'en prendre à cette inftitution en elle-même? La République eft un but, la révolution fut une route ; il eft tems de détourner nos regards de cette route, pour voir enfin où nous fommes arrivés.

Le rétabliffement de la Royauté termineroit-il les malheurs de la France? Telle eft la feule queftion qui nous intéreffe.

Il y a deux fortes de Royauté, entre lefquelles les opinions peuvent être partagées; l'une eft une réligion, l'autre eft un calcul; l'une a plus d'amis, peut-être, mais faibles, indécis, divifés, fpéculatifs; l'autre a des fectateurs actifs, ardens, unis, fanatiques. L'une, comme on penfe bien, eft la Royauté mitigée, ou conftitutionnelle; l'autre, la Royauté abfolue ou l'ancien régime.

Ni l'une ni l'autre de ces Royautés ne ferait ceffer la guerre. On n'en eft plus à croire que les puiffances aient pour but

unique ou même pour but principal, la
réintégration de la Monarchie. Elles ont trahi
leur fecret. Le nouveau Roi, quel qu'il fut,
eut-il autant de force que le Directoire, ce
qui ne peut s'attendre de la Royauté conftitutionnelle, & ce qui me paraîtrait difficile,
même pour la Royauté fanatifante, le nouveau Roi, dis-je, n'obtiendrait pas une paix
plus honnorable que la République. Les puiffances reprendraient un courage, qui ferait
bien autorifé par les fuites inévitables, & dé-
forganifatrices d'une nouvelle Révolution, &
par le mépris, que ne pourrait manquer de
leur infpirer l'inconféquence du Peuple Français. Elles demanderaient des indemnités,
peut-être le démembrement de la France : ce
que l'intérêt évident de leur caufe n'a pas pu
les empêcher d'exiger, l'exigeraient-elles
moins, lorfque cet intérêt n'exifterait plus?
Elles n'ont pu fe réfoudre par la diffimulation
momentanée de leurs efpérances, à rendre le
fuccès moins invraifemblable ; feraient-elles
plus difpofées à payer d'un facrifice réel une
victoire déja obtenue? On eft bien moins libé-
ral lorfqu'on récompenfe que lorfqu'on ache-
te. Le feul befoin de la paix a pu engager plu-

fieurs d'entr'elles, & pourra engager les autres
à fe départir de leurs prétentions ; & l'affermiffement du gouvernement peut feul completter & décider ce befoin. Ainfi le rétabliffement
de la Royauté, rendrait pour la France la paix,
ou plus difficile ou plus honteufe.

Quant au commerce, quant à la marine,
on fait bien que ces deux fources de profpé-
rité ne fe remettent que lentement. Un Roi
n'apporterait à la France aucun moyen de
raviver l'un ou de rétablir l'autre : l'enthoufiafme de la liberté peut faire des miracles,
mais la Royauté n'en fait point, & ce ne ferait affurément pas devant la marine de la
monarchie, que celle de l'Angleterre per-
drait fa fupériorité. La forme du gouvernement n'influe fur le commerce que par la
liberté qu'elle lui laiffe : fon accroiffement
tient à l'exercice individuel, & illimité de
l'induftrie. Croira-t-on que l'éternel ennemi
du nom Français favorifat le commerce de
la France, pourvu que le trone fut relevé,
qu'il rendit à la monarchie les colonies qu'il
a enlevées à la République, & que Mr. Pitt
devint défintéreffé, dès l'inftant où les Français deviendraient Royaliftes ?

Le crédit, dont l'abfence eft un fi cruel fléau, renaîtrait-il fous la Royauté? Un Roi conftitutionnel infpirerait-il plus de confiance que le Directoire? Son pouvoir paraîtrait-il mieux établi? Une preuve d'inftabilité de plus ferait-elle croire à fa ftabilité? Forcé de renoncer à plufieurs des reffources qui exif-tent, par quelles reffources nouvelles y fup-pléerait-il? Si la Royauté abfolue trouvait quelques moyens paffagers & précaires, ils feraient fondés fur l'envahiffement de toutes les propriétés, qui fe font accrues par la ré-volution, ou même, qui, en la traverfant in-tactes, ont contracté, aux yeux de l'an-cien régime, une tache ineffaçable. Les af-fignats feraient peut-être annullés, comme provenant d'une autorité illégitime, & comme étant hypothéqués fur des biens que l'on rendrait à leurs anciens poffeffeurs. Mais la difparution de ce figne avili ne rétablirait pas l'abondance du numéraire. Le Gouver-nement royal ferait réduit aux mêmes moyens qu'on reproche à la République : les em-prunts forcés, les requifitions, fe renouvelle-raient au nom du Roi, avec d'autant plus de force, qu'il n'aurait pas, comme le gou-

vernement actuel, la responfabilité du paffé.
Il ne ferait obligé à aucun ménagement,
parce qu'il rejetterait fes vexations fur la République, qui l'aurait précédé. Elle feule a
creufé, dirait-il, l'abyme dans lequel nous
nous trouvons. L'intérêt du Directoire eft
de diminuer les malheurs qu'a entrainés la
révolution : l'intérêt d'un Roi ferait de les
faire reffortir. L'un s'efforce de faire trouver
dans le préfent l'excufe du paffé : l'autre trou-
verait dans le paffé l'excufe du préfent. L'un
veut réparer par tous les moyens poffibles ;
l'autre tout en parlant d'indulgence, voudrait
punir indirectement. L'un veut infpirer l'efpoir & l'oubli ; l'autre voudrait frapper de
fouvenir & de crainte.

Enfin le rétabliffement de l'une dés deux
Royautés mettrait-il un terme au mécontentement intérieur, & rallierait-il tous les partis ?

La Royauté conftitutionnelle aurait pour
adverfaires tous les Républicains, plus tous
les ennemis de la République, hors le trés-
petit nombre de Royaliftes modérés. Le prétendant actuel au trone prend à tâche de
faire éclater fon dédain pour toute autre
forme de gouvernement, que celle de l'an-

tique monarchie (*a*). Ses partifans , les

(*a*) Les magiftrats émigrés viennent de publier un ouvrage intitulé . *Développement des principes fonda-mentaux de la Monarchie Françaife.* Cet ouvrage a été rédigé par l'ordre des Princes , qui , après en avoir fuf-pendu plufieurs fois la publication , l'ont enfin permife à ce qui parait. (pages XXVI & XXIX de la Préface) Cette fufpenfion même n'avait é.e motivée que fur les circonftances du moment. *On peut entrevoir* , eft-il dit dans une lettre écrite au nom de Monfieur , *le* 14 Avril 1793 ; *que Monfieur aimerait mieux encore que cet ou-vrage demeurât fecret jufqu'à des tems plus favora-bles.* (ibid.) Ce livre peut donc à tous égards être regardé comme le Syftême actuel du Royalifme à Vé-rone. Or il refpire la plus violente haine contre toute innovation , & annonce le deffein le plus abfolu de rétablir en entier, l'ancien régime , que les Auteurs appellent l'antique & indéfectible Conftitution. (page 17) On frappe de nullité tout ce qu'a fait l'affem-blée Conftituante , à laquelle on difpute *jufqu'au droit de réformer les abus, vu que fi on lui concédait ce droit, ce ferait légitimer fa puiffance* , (page XIX). On y dit & l'on y répéte que *légalement le Roi a con-fervé le dégré d'autorité dont il a toujours joui, que la Noblesse n'a perdu aucune de fes prérogatives, & que le Clergé eft toujours en poffeffion de fes biens.* (ibid) *La Réligion Catholique, Apoftolique & Ro-maine y eft déclarée la Réligion de l'Etat.* (page 13. de l'Ouvrage.) *La Prérogative Royale* y eft définie, *La Réunion du pouvoir législatif, judiciaire, & exé-cutif,* (page 28) le Roi étant *le feul Souverain Sei-gneur, le Législateur unique, en lui réfidant exclufive-ment la plénitude de l'autorité Suprême.* L'axiome fa-meux *qui veut le Roi, s'il veut la Loi,* y eft rappellé & défendu. (page 20) On y établit que *le Roi lui-*

Chouans, les Vendéens, les Emigrés fe-

---

même ne peut changer en rien l'antique Conftitution.
(page 21.) On y excuse Louis XVI d'avoir accepté
celle de 1791, mais en confidérant *cette acceptation
comme fans valeur* (page 32, ce qui annonce le point
de vue fous lequel on envifagerait les engagemens que
le prétendant pourrait contracter. On y *protefte* contre
l'aliénation des domaines, (page 42), *l'expropriation
des Moines*, (page 47, *la deftruction des droits de la
Nobleffe* (page 50), & l'on s'appuye de St. Auguftin,
d'Hinemar. de Pafquier, de Cujas, & de toutes les
loix de la féodalité & du moyen âge. *Les mandats im-
pératifs*, (page 55), *le Vote par ordre* (page 56),
la Doctrine que *les Etats-Généraux n'ont de fonction
que celle de porter aux pieds du trone leurs fupplica-
tions* (page 37), *les privilèges particuliers des provinces* (page 75), en un mot tout ce qu'a détruit la Révolution y eft folemnellement confacré.

Après avoir ainfi expofé les principes particuliers de
la Monarchie, les auteurs paffent dans leurs notes à
des principes généraux. Ils reprouvent la tolérance,
comme *précipitant l'homme dans le gouffre de l'Athéif-
me*, (page 91). Ils appellent les Révolutions, *les In-
furrections de la plus vile populace*. (page 103) Ils
proclament *le droit divin des Rois*, d'après Boffuet,
L'obéiffance, difent-ils, *la fidélité*, *la réfignation font
des devoirs que le Modérateur fuprême des Empires
prefcrit aux Peuples envers les Princes mêmes qu'il
leur donne quelquefois dans fa colére*. (page 108).

Nous faifons grace à nos lecteurs d'un plus long ex-
trait de cet ouvrage, ainfi que des invectives qu'il
contient contre tous les individus. Les profcriptions y
font annoncées avec fureur, généralifées avec foin,
& détaillées avec jouiffance. Une phrafe furtout eft
bien remarquable. Après un rapprochement de la Ré-

raient une guerre à mort à tout autre Roi que lui. Les Royalistes modérés eux-mêmes ne feraient nullement d'accord fur l'homme qu'il faudrait couronner. Le nouveau Roi ferait donc à l'égard de la grande majorité des fectateurs de la Royauté, dans la même fituation que le Directoire. Il fe verrait appellé à combattre également & les ennemis

---

volution avec les troubles de la France en 1356, les auteurs ajoutent : *On fe vit dans la néceffité d'affommer comme des bêtes féroces, les bandits dont les féditieux fe fervaient comme d'autant d'inftrumens de leurs fureurs* (page 148). Or les *féditieux* d'aujourd'hui font les fondateurs de la République, les *bandits*, fimples *inftrumens*, font fes défenfeurs. Je laiffe à fuivre le rapprochement.

Les productions du malheur ont des droits, fans doute, à être jugées avec indulgence, mais ce n'eft que lorfqu'elles ne font pas, à la fois deftinées, par leurs auteurs, à faire un genre de mal très-grand, & propres, par leur nature, à caufer le genre de mal contraire. La fanguinaire exagération des écrivains Royaliftes fournit des armes à l'exagération oppofée. Ils dépopularifent les mots de Gouvernement, d'ordre, d'autorité, en les uniffant toujours à la doctrine de la Royauté, & aux menaces de la vengeance. Ils pouffent vers l'anarchie, en préfentant fans ceffe l'image du Defpotifme, & c'eft fous ce rapport, bien plus que fous celui de leur impuiffante haine, qu'ils appellent fur eux, non comme individus, car ils font à plaindre, mais comme agiffant fur l'opinion, la défapprobation de tout ce qui penfe, & de tout ce qui fent.

étrangers, & les fectateurs abfurdes du Defpotifme & de la Théocracie, & les amis de
la République, & fes adverfaires perfonnels.
On avouera que le déchirement de cinq factions acharnées n'eft guères pour la France
un but qui vaille une nouvelle révolution.

La Royauté abfolue, cela femble étrange
à diré, n'aurait peut-être pas d'abord autant
d'ennemis. Comme elle attirerait tout de
fuite à elle l'un des deux partis extrémes, le
parti mitoyen pourrait s'y rallier, ou pour
mieux dire s'y foumettre. Une foule d'hommes, fatigués des convulfions, fe réfignerait
au joug dans l'efpoir trompeur du repos.
Mais les ennemis que la Royauté aurait de
moins, elle ne tarderait pas à fe les créer.

On ne fait pas affez en France, avec quel
foin les Royaliftes purs, même dans leur
détreffe actuelle, recueillent tous les foup-
çons, féparent toutes les nuances, & rejet-
tent tout ce qui a pu dévier un inftant de
ce qu'ils appellent les principes fondamen-
taux de la Monarchie. Les partifans de
l'ancien régime proteftent d'avance contre
toute efpece d'accommodement, d'indulgence, de mitigation. Il y a parmi eux

vingt fractions différentes, que l'œil profane qui n'eft pas initié dans les myftères de la Royauté trouve impoffibles à diftinguer : & c'eft un caractère particulier à cette efpèce d'hommes, que, tandis que tous les partis cherchent à fe fortifier & à fe groffir, ils ne fongent qu'à s'affaiblir & à s'épurer, & regardent comme une conquête la découverte de chaque nuance qui peut motiver une profcription.

Ils apporteraient cet efprit en France. Ils reliraient avec foin toutes les pages de la Révolution pour prendre la date de tous leurs griefs. Pour eux il n'y a pas de prefcription. Leur haine s'eft aigrie en vieilliffant, & leur befoin de vengeance eft devenu plus impérieux, en proportion qu'il a plus longtems été comprimé.

Ils remonteraient des agens du Directoire aux Conventionnels, des Conventionnels aux Jacobins, de ceux-ci à la Gironde, de la Gironde aux Feuillans, des Feuillans aux Légiſlatifs, des légiſlatifs aux Conftituans, des Conftituans aux Monarchiftes, des Monarchiftes à tous les coupables du 14 Juil-

let 1789 (*b*). Ayant ainfi jetté leurs pré-
mieres bafes, ils redefcendraient dans toutes les ramifications de ces divers fyftêmes,
qui fe font fuccédés & détruits depuis fix
années, & comme leur vengeance ferait à la
fois politique & particuliére, les victimes
ne feraient pas protégées par leur nombre.
Dans chaque village, quelques municipaux,
quelques prêtres affermentés, quelques anciens membres de fociétés populaires, quel-

---

(*b*) On trouve *dans le Rétabliffement de la Monarchie* la claffification de ceux qu'il faudra punir à la
contre-révolution. 1. Ceux qui par une affreufe combi-
naifon demanderent les Etats-Généraux. 2. Les hommes
oifivement obfcurs. 3. Les amis des nouveautés. 4. Les
mécontens. 5. Les Ingrats. 6. Les Philofophes ou
Athées. 7. Les Proteftans. 8. Les Spéculateurs abftraits.
9. Les partifans des deux chambres. 10. Le parti d'Or-
léans. 11. Celui de Mr. Necker. 12. Les Républicains.
13. Tous ceux fans exceptions qui prétérent le ferment
du Jeu de Paulme. 14 Les Monarchiens. 15. Les Monarchiftes. 16. Les Feuillans. 17. Les Miniftériels. 18.
Les Adminiftrateurs 19. Les Membres des Sociétés &
des Clubs. 20. Les débris de la premiere Légiflature.
21. Les fucceffeurs qu'elle fe choifit. Après cette énu-
mération dont la forme même appartient à l'auteur,
qui n'a fait que la numérotter diverfement parce qu'il
l'a répandue dans fon ouvrage, *j'ai fais*, dit-il, *la
part du crime petite, je l'ai traité avec parcimonie.*

quels

ques acquéreurs de biens nationaux, quelques volontaires, moins juftifiés par leur refiftance à la requifition, trouveraient un perfécuteur, dont la haine, ingénieufe en diftinctions, les priverait tôt ou tard du honteux bénéfice d'une trompeufe amniftie.

Il n'y aurait pas alors de conftitution qui rouvrit les prifons au bout de 3 jours. Il y aurait une monarchie, qui précipiterait à jamais fes victimes dans les cachots. Les actes en petit nombre, qu'on reproche aux premiers momens d'une République qui a befoin de s'établir, feraient bien effacés par une foule d'actes arbitraires, que commettrait une Royauté, qui aurait foif de fe venger.

Lifez l'hiftoire de toutes les amnifties, & vous verrez, qu'elles ne font qu'affurer les châtimens qu'elles retardent. Voyez les Juges de Charles I, trainés à l'échaffaud, voyez l'amniftie de 1787 en Hollande, compofée de 13 exceptions, toutes fi vagues, que, fans l'inquiétude de l'intolérance, une feule aurait fuffi; voyez Jofeph II proteftant d'avance contre l'indulgence qu'il accorderait aux Belges; & croyez enfuite, fi vous le pouvez, aux engagemens de la faibleffe,

D

qui veut redevenir toute puissante. Il est aussi profond qu'il paraît plaisant ce mot d'un homme d'esprit, qui, demandant à un gouvernement la liberté d'un de ses amis, disait: *pardonnez-lui, malgré l'amnistie*. Pour les individus comme pour les peuples, pour les soldats comme pour les généraux, pour les plus obscurs révolutionnaires comme pour les chefs, la seule amnistie, c'est la victoire.

Qu'ils sont aveugles, ceux qui, repoussant la gloire de leur vie passée, abjurant des principes, seuls apologistes de leur conduite, croient désarmer d'implacables ennemis, en leur présentant des mains suppliantes, & une tête dépouillée de lauriers. On les accueille, on les encourage : ne sentent-ils donc pas que le complément de la victoire du parti qu'ils servent, doit être leur châtiment, qu'ils doivent tomber, & qu'ils tomberont, ignobles victimes. L'exemple de leur apostasie, & de leur supplice, après leur déshonneur, prouvant que pour leur premier crime il n'est point d'expiation, est bien plus instructif dans le sens de la tyrannie, que la punition de forfaits véritables, qui n'effrayerait que les criminels. La mort d'un hòmme du 2 Septembre n'épouvante que de l'anarchie, celle d'un conftitutionnel épouvante de la liberté.

C'eft furtout à cette claffe, que je m'addreffe : je fais que, parmi ces hommes, qui ont fait les premiers pas vers la réhabilitation de l'efpece humaine, il en eft plufieurs qui ont fuivi la liberté fous toutes les formes, qui ont gémi fur leur patrie, ne pouvant plus la fervir, & qui, attachés jadis à une monarchie fautive, font aujourd'hui, dans leur modefte retraite, des vœux pour la République, parce qu'en elle feule eft la liberté. Mais, s'il en eft d'autres, qui, jettant loin d'eux tous les fouvenirs, n'ayent pas vu de milieu, dans leur intrigante activité, entre la puiffance & la perfidie, &, ceffant d'être chefs dans un parti, fe foient faits agens d'un parti contraire, qu'ils apprennent que c'eft leur perte qu'ils défirent, & que l'abyme, qu'ils creufent, doit les engloutir.

Lorfque les fections de Paris attaquaient la Convention, les Royaliftes hors de France fefaient des vœux contre les fections, de peur que leur victoire n'amenât ce qu'ils appellaient un fyftême moderé. Depuis trois ans leur plus grande inquiétude, c'eft que les Conftitutionnels ne triomphent ; leurs infatigables écrivains enfantent chaque jour des volumes, non pas en faveur de leur caufe, non pas contre les crimes trop nombreux qui ont fouillé la révolution, mais contre les feuls Conftitutionnels; & leur jouiffance eft de mettre Bailly avec Marat, & Lafayette avec Robefpierre.

Ces difpofitions feraient redoublées par le feul parti de l'intérieur auquel les Royaliftes, dans leur pûreté, confentiraient à s'allier. La Vendée mêlerait à leur intolérance fon fanatifme, & renforcerait la perfécution politique de la perfécution religieufe. Nous verrions renaître le Chriftianifme du moyen âge, après que l'accroiffement de fes forces l'eut affranchi des ménagemens & avant que la philofophie eut modifié fon influence.

Ce ferait alors que les hommes les plus amis du repos feraient obligés de fe rallier pour foulever le joug qui s'appefantirait fur leurs têtes : ils rechercheraient alors les débris du parti Républicain qu'ils auraient laiffé ſi follement écraſer, & recommenceraient une inégale & ſanglante lutte, pour parvenir enfin à cette liberté ſi ſouvent dépaſſée dans tous les ſens, & qu'il ne tient aujourd'hui qu'à eux d'aſſurer.

Elle triompherait, on n'en peut douter. A ſa voix accourrait tout ce qui penſe en Europe, tous ceux qu'un nouveau deſpotiſme aurait ſoulevés, tous ceux qui verraient s'avancer la nuit épaiſſe & déſaſtreuſe du quatorzième ſiècle, ceux enfin, qui, avides de liberté, ſont venus chercher en France quelques dangers peut-être, mais une cauſe à défendre. Des Vendées Républicaines ſe formeraient, moins atroces, mais non moins redoutables que la Vendée catholique. La vérité ferait leur réligion, l'hiſtoire leur légende, les grands hommes de l'antiquité leurs ſaints, la liberté leur autre vie. Ils n'eſpéreraient pas reſſuſciter dans trois jours, mais ils combattraient & mourraient libres (c).

(c) On ſait que les Vendéens fanatiſés bravaient la mort par la perſuaſion, où ils étaient, qu'ils reſſuſciteraient trois jours après leur ſupplice.

D 3

J'ai fuivi trop loin peut-être le tableau
de ce qui ne peut arriver. Lorfqu'on fe com-
mande, pour un inftant, de fuppofer le renverfement de la liberté, la penfée fe tourne,
fans le vouloir, vers les efforts, qu'on ferait
pour elle, & le fentiment de fes dangers,
même imaginaires, a befoin d'être adouci
par celui qu'on partagerait fon fort, qu'on
retarderait peut-être fa chute, & qu'on ne lui
furvivrait pas.

La guerre civile, voilà ce qu'apporterait
en France toute efpèce de Royauté. J'ajoute-
rai une obfervation, qui jufqu'à préfent me
paraît avoir échappé à tous les partis, c'eft
que les élémens de la difcorde n'exiftent pas
feulement entre les Républicains & les Royaliftes purs, mais qu'il en eft qui ne tarde-
raient pas à éclater entre les Royaliftes purs
eux-mêmes. On aura peine à croire peut-être
que les principes démocratiques ayent jetté de
profondes racines dans l'ame des émigrés.
L'exil, les dangers, le fanatifme, ont établi entre eux une forte d'égalité, qu'ils ne
fe laifferaient pas ravir. Ces fougueux ennemis des droits de l'homme reclament fans
ceffe pour leur claffe, ces droits qu'ils veu-

lent enlever à notre efpèce. La fecte féodale a fes nivelleurs. L'amour de l'indépendance a fait des progrès étonnans dans les bataillons de la monarchie. Jamais armée ne fut plus indifciplinée que celle qui fe dit raffemblée au nom de l'obéiffance. Les champions de l'ariftocratie prétendent qu'il ne doit y avoir aucun privilège entre les ariftocrates, & on les a vus s'oppofer avec fureur à ce que le nom du premier des Pairs de France précédat des noms plus obfcurs, dans une proteftation en faveur de la diftinction des rangs.

Ce fentiment, aujourd'hui comprimé par l'intérêt de leur caufe, par la preffion du malheur, & par l'obfcurité de leur exiftence, fe développerait, après le triomphe & le fang français, qui a coulé fi glorieufement pour établir l'égalité de 25 millions d'hommes libres, coulerait peut-être avec opprobre pour établir celle de 200 mille oppreffeurs.

CHAPITRE IV.

Des reſſentimens & des maux irréparables.

Sans doute, il eſt quelques hommes, dont on ne peut exiger qu'ils ſe rattachent à la République : ce ſont ceux, qui, dans la Révolution, ont perdu ce qu'ils avaient de plus cher. Ils ne vivent plus dans le préſent, ils ſont étrangers au monde, ils habitent les tombeaux. Tout ce qui peut exiſter encore n'eſt rien pour eux auprès de ce qui n'exiſte plus. Mais aujourd'hui, que les auteurs de leurs maux ont été punis, il leur eſt commandé de ne plus reclamer de vengeances. La patrie ne perd jamais le droit d'être au moins reſpectée, lorſqu'elle n'eſt pas ſervie. L'iſolement, l'abſorbation, l'attente de la mort, voila ce qui reſte aux infortunés, qu'un malheur irréparable a courbés ſous ſon empire.

Il eſt une trempe d'ames, je ne dirai pas plus fortes, (car qu'y a-t-il de plus énergi-

que que l'intenfité de la douleur ?) mais plus
impérieufement dominées par la paffion d'étre
libres, & que les regrets n'enlévent pas
aux principes. Tels font les amis de tant de
Républicains, immolés dans toutes les par-
ties de la France, fous le règne de la Tyrannie. Ils auraient auffi des pleurs à répandre.
Ils ont vu tomber leurs compagnons d'armes,
de travaux, & d'efpérances, leurs guides,
leurs émules, & leurs frères. Mais ils rattachent leurs regards fur le but commun, qui
les uniffait à ceux qui ne font plus, le bonheur de leur patrie & fa liberté.

Qu'ils font différens de ces hommes, à
la fois amers & frivoles, infenfibles, mais
vindicatifs, confolés fans être adoucis, qui
ont oublié leurs affections, fans pardonner
à leur patrie, qui, diftraits, ou dédomma-
gés, lorfqu'ils courent après le plaifir, ref-
faififfent le regret, lorfqu'il s'agit de motiver la haine, coupables hypocrites, profa-
nant ce qu'il y a de plus faint fur la terre,
les larmes & la douleur, & fe fefant une
vertu du crime pour le commettre impuné-
ment. Ceux-là ne peuvent prétendre à au-

cun des ménagemens, que le malheur mérite. Quiconque a fouri depuis la perte de ce qu'il aimait à renoncé au droit de le venger, & la poffibilité de la diftraction lui fait un devoir de l'indulgence.

CHAPITRE V.

Du rétabliffement de la terreur.

UN feul motif pourrait encore empêcher les hommes honnêtes de fe rallier au Gouvernement, c'eft l'idée trop répandue que la terreur eft prête à fe rétablir. Ceux qui nourriffent cette crainte, la fondent fur ce qu'ils prennent pour des mefures révolutionnaires, & fur ce qu'ils appellent des nominations jacobines. Les élections, difent-ils, font enlevées au peuple. Le Directoire a cumulé les pouvoirs; des hommes de fang font nommés aux places : ils fortent des prifons, avec leurs fureurs anciennes, fortifiées de reffentimens nouveaux.

Ainfi parlent des hommes qui croyent fe venger du Gouvernement Décemviral, en prodiguant la défiance au gouvernement conftitutionnel.

Heureufement chaque jour répond à ces inculpations exagérées. Chaque jour, le gouvernement, devenu plus fort, fe montré plus doux : il ôte à des mains juftement fufpectes, un pouvoir dangereux, & raffuré fur fa faibleffe, il éloigne des agens, dont l'éxagération, pendant quelques inftans, lui a tenu lieu de fécurité.

Ce que je vais dire, n'eft donc point deftiné à juftifier ce qui bientot n'exiftera plus, mais à empêcher le fouvenir du paffé d'empoifonner l'avenir. Je m'empreffe de déclarer d'avance que les principes que j'énoncerai ne s'appliquent qu'à la crife inféparable des premiers momens d'une conftitution : cette crife heureufement eft près de fon terme, & prolonger l'application de ces principes, ferait les pervertir & en abufer.

Reportons-nous d'abord à l'époque ou le Directoire fut conftitué. Par une fuite inévitable de tout gouvernement provifoire, depuis plufieurs mois, les dépofitaires paffagers d'une autorité qui devait ceffer, vivaient au jour le jour, léguant tous les embarras de l'avenir à la Conftitution future. Le tréfor national était épuifé, la fortune publique incertaine, les fortunes particuliéres détruites, les armées déforganifées, deux d'entr'elles repouffées, les ennemis de la Convention, aigris par leurs défaite plutot qu'abattus. Des affaffinats, traités long-temps avec une légéreté coupable, des affaffinats d'hommes peut-être criminels, mais qui n'en étaient pas moins des crimes, annonçaient l'établiffement d'une terreur en fens inverfe. Malheur au pays ou les forfaits font punis par les forfaits, & ou l'on maffacre au nom de la nature & de la juftice!

Il fallait arrêter tout-à-coup ce dépériffe-ment politique. Il fallait que le Directoire, fe montrant fort dès fa naiffance, repouffât le funefte héritage de la déconfidération con-ventionnelle. S'il laiffait un inftant douter de lui, tout était perdu.

Cependant la lutte de Vendémiaire avait égaré plufieurs hommes eftimables. D'autres frappés de cette apathie, maladie de l'hon-nêteté, n'aimaient pas à fe voir placés en-tre deux partis. Une troifieme & nombreu-fe claffe s'était retirée, efclave de ce qu'on appellait alors l'opinion publique.

On ne fe fait pas une jufte idée de l'in-fluence & de la nature de cette opinion, qui ne fe connaît pas elle-même. Il faut, pour l'apprécier, l'avoir vue dans les sections de Paris, à la barre de la Convention, au sein des assemblées primaires, réclamant à la fois, & violant toutes les formes, sans cesse injuste dans son impatience, mais toujours de bonne foi dans ses vues, ne s'avouant jamais sa tyrannique & fougueuse inconséquence, abusant des institutions qu'elle réprouvait, & foulant aux pieds les loix qu'elle avait exigées. Puissance arbitraire & mystérieuse, elle a toujours un but louable & le dépasse toujours Ennemie implacable des moyens légaux qui la gênent & de la raison qui veut la modérer, elle est l'instrument docile de qui la flatte, fût-ce pour la pousser dans le sens le plus opposé à ses intentions. Elle croit juste tout ce qu'elle ordonne, comme si elle était la volonté générale, & l'exécute par la violence, comme si elle n'était que la volonté d'une faction : elle se plaint comme si on l'opprimait, & menace comme si elle était toute-puissante : elle dédaigne les ménagemens, elle abjure ses amis, lorsqu'en la servant, ils s'efforcent de la contenir : elle veut que ses chefs la dévancent au lieu de

la diriger : elle femble calculée enfin, pour
en impofer à cette majorité, plus étrange
encore, qui fe cherche au lieu de fe déclarer, dont l'ambition n'eft que d'être précé-
dée, & qui préfére adopter au fecond rang
des mefures violentes à fe mettre au premier pour en faire, fans péril, triompher
des modérées.

Le Gouvernement ne pouvait employer
des hommes que cette opinion dominait.
Il fallait ramener les uns, décider les autres,
ranimer les troifièmes : n'étaient-ils pas eux-
mêmes alliénés, flottans, abattus ?

Les circonftances demandaient des efprits
ardens, capables de mefures rapides, qu'il
pouvait être néceffaire de contenir, mais qu'il
ne fut pas befoin de pouffer, fur lefquels le
Directoire put fe repofer pour les intentions
qui ne fe donnent pas, & dont il n'eût à
craindre que l'exagération qu'on réprime.

Parmi ceux qui réuniffaient ces conditions,
plufieurs avaient mérité de graves reproches;
tous étaient accufés par quelque parti.

A Dieu ne plaife que je veuille excufer
ceux contre qui dépofent des faits exé-
crables, il eft des hommes qui méritent à

jamais l'horreur. Si quelque chofe pouvait flétrir le fentiment qu'on éprouve, en défendant la liberté, ce ferait de penfer que ces hommes auffi fe difent fes défenfeurs : s'ils ne font pas dans fes rangs, ils ont ravi un étendart, qui, tout déshonoré qu'il eft, peut encore reffembler au fien : & pour completter l'enthoufiafme, il faudrait les avoir pour ennemis.

Mais gardons de confondre, avec ces êtres, frappés d'un éternel anathême, ceux qui ne font en butte qu'à des bruits vagues, & au bourdonnement de la haine. Depuis le 14 Juillet, qui n'a pas été dénoncé? Lorfqu'on voit Bailly & Pache, Larochefoucaud & Marat, Condorcet & St. Juft, Sieyes & Robespierre, en butte aux mêmes injures, peut-on croire encore aux réputations révolutionnaires? Les factions n'ont qu'un ftyle, elles n'appliquent pas les invectives aux noms, elles attachent au hazard des noms à des invectives, elles pourraient fe paffer de main en main les accufations qu'elles prodiguent, & une feule philippique fervirait à tous les partis.

Les choix du Directoire devaient être blâmés,

més, quelqu'ils fuſſent. Sans doute ce blame
n'a été que trop mérité par quelques uns de
ſes agens, & l'on eſt heureux de penſer qu'il
vient enfin de ſe prononcer contre eux avec
une ſévérité qui l'honore. Mais ſans parler de
ces choix, qu'il a déja réparés, d'autres
choix, réprouvés avec moins de juſtice,
mais toute-fois avec quelque fondement,
n'ont-il pas eu leur utilité ?

Une des plus funeſtes erreurs des factions,
c'eſt de ne vouloir jamais croire au répentir. Elles prennent pour une manière d'être,
une action iſolée, une fievre chaude pour
un état habituel ; elles reportent ſur toute
une vie, l'erreur d'une année : elles éterni-
ſent ce qui ne ferait que paſſager. Etres ver-
ſatiles que nous ſommes, tandis que rentrant
en nous mêmes, nous nous ſentons vaciller
à chaque pas, par quelle abſurdité jugeons
nous ſi différemment nos ſemblables ? Profi-
tons au moins de nôtre inſtabilité, de nôtre
inconféquence, de tous les défauts de nôtre
faible nature, pour ne pas nous prêter une
ſuite, une profondeur de crime, incompa-
tible avec ces défauts.

Il eſt des actions irréparables, qui élevent

E

entre un criminel & nous, entre un criminel & lui-même, une barriere éternelle :
mais ces actions ne font pas communes, &
jamais on ne peut prononcer une condam-
nation fans appel contre une claffe ou contre une fecte toute entière.

Il était donc aifé de prévoir ce que l'efprit de parti s'obftinait à nier, que des circonftances effentiellement différentes, une
conftitution, au lieu d'un gouvernement révolutionnaire, une route tracée au lieu d'un
champ de bataille, un état ftable au lieu
d'un affaut, rappelleraient dans de juftes
bornes ceux des hommes ardens, qui
n'étaient qu'égarés.

Or dans un moment, ou les agens du
Gouvernement doivent être inveftis de grands
pouvoirs, & où les limites de ces pouvoirs,
bien que tracées par la conftitution, ne
font point encore confacrées par l'habitude,
il eft avantageux, je dirai même, il eft néceffaire, à l'établiffement de la liberté, que
ces agens foient en oppofition avec l'opinion. Ils font par-là foumis à la furveillance
de la haine : s'ils étaient dans le fens de
l'opinion, ils ne pourraient s'empêcher d'aller trop loin.

Nous en avons un terrible exemple dans ce qui s'eſt paſſé depuis Robeſpierre. La conſiance univerſelle avait porté des hommes honnêtes aux fonctions adminiſtratives. Ils ont laiſſé s'organiſer des compagnies d'aſſaſſins. C'eſt que l'opinion étant dirigée contre ceux qu'on aſſaſſinait, les Magiſtrats qui devaient leur nomination à cette opinion, n'oſaient lui réſiſter, pour défendre ces hommes, & la mettant à la place de la loi, croiaient remplir un devoir moral, en manquant à leur devoir judiciaire.

Lorſqu'au contraire les agens du gouvernement font en ſens inverſe de l'opinion, elle leur trace d'étroites limites. Ils cherchent contre elle un ſoutien dans l'exécution la plus ſtricte de la loi. Si l'opinion les ſecondait, la loi ſerait bientôt impuiſſante. C'eſt une digue qui leur eſt utile, lorſqu'ils s'en appuient contre le torrent, mais qui ne leur réſiſterait pas, s'ils s'uniſſaient au torrent pour la renverſer.

Un ſecond avantage, c'eſt que le gouvernement qui les a nommés, ſe ſent reſponſable de leur conduite. Certain qu'ils ne reſteront pas en deça de la ligne, mais que

E 2

le danger eſt qu'ils ne la dépaſſent, il ſe met
tout en répreſſion. Il ne s'abandonne point
à eux, ils les dirige: il ne les pouſſe pas,
il les retient.

De cette combinaiſon de diſpoſitions di-
verſes, de la confiance du Gouvernement
dans les intentions, de ſa méfiance dans les
actes, de la défaveur de l'opinion, & du
ſentiment profond des agens, que la loi ri-
goureuſement exécutée eſt leur ſeule ſauve-
garde, réſultent à la fois de l'exactitude & de
la déciſion, de la modération & de l'énergie.

Les faits l'ont bien prouvé. Si l'on en
excepte quelques hommes, qui, déja,
ſont dépouillés du pouvoir, les agens
les plus décriés ont trompé l'attente de
la haine & de la peur combinées. On a
commis à leur égard la même inconce-
vable faute qui, dans tout le cours de la
révolution, a caractériſé ſes ennemis. On
les a aigris ſur leurs erreurs, tout en exa-
gérant leur puiſſance. Comme pour les engager à commettre des crimes, on s'eſt
plaint d'avance de l'impunité, dont ils joui-
raient. On les a bravés, mais en annonçant
l'impoſſibilité de la réſiſtance. On leur a

montré le mépris, mais en leur garantiffant
la foumiffion. Que l'on compare néanmoins
leurs actes les plus violens, avec toutes les
époques de la Révolution, que l'on confidère
que ces actes vont être annullés, & l'on
bénira la conftitution. L'on fentira que, fi
dans de pareilles circonftances, elle a pu offrir aux opprimés fureté, protection, répa-
ration des injuftices, dans des tems plus cal-
mes, elle donnera bonheur, repos, liberté.
Malheur à celui qui voudrait fe prévaloir de
fes formes mêmes pour la renverfer, & qui
n'invoquerait la loi que pour retourner à la
tyrannie!

Songez que c'eft 5 mois après le 1 3 Vendémiaire, que la liberté de la preffe eft confacrée,
peut-être dans une trop grande latitude, mais
par une difcuffion impofante & impartiale, &
accufez la France, fi vous l'ofez enfuite, d'être
en révolution, ou fous un defpotifme quelconque.

Le gouvernement exerce encore, il eft
vrai, fur la bourfe & fur les fpectacles, une
forte d'autorité inquiète & peut-être puérile;
mais l'expérience & la dignité que donne le
pouvoir, mettront dans peu fans doute un

E 3

terme à ces erreurs minutieufes. Il perdra ces craintes qui, agrandiffant leurs objets, rendent terrible ce qui ne ferait que méprifable. Il apprendra que le grand art eft de gouverner avec force, mais de gouverner peu, d'avoir une main de fer, mais de l'employer rarement, de fe fervir de fa maffue contre des ennemis redoutables, mais de ne pas en menacer ceux dont la petiteffe rend fes efforts à la fois ridicules & infructueux. Si une faction infenfée ceffe d'entraver la marche du directoire, il ne fera plus forcé de lui oppofer des adverfaires ardens comme elle. Tous les hommes honnêtes, qui fe rallieront fincérement à la République, feront appellés à la fervir. Ils affureront le calme & la dignité d'une inftitution que d'inutiles efforts pourraient agiter encore, mais ne pourraient détruire.

Rien ne ramènera la terreur : mais rendons en graces aux circonftances, & non à ces vains déclamateurs, qui nous en prédifent le retour. Ce font eux qui la provoquent. Ils injurient, ils outragent (d), ils vou-

---

(d) J'ai lu avec peine dans quelques journaux

draient effrayer ou irriter les hommes en
place, que retiennent heureusement, & leurs
intérêts & leurs devoirs. Ils s'efforcent de
mettre le gouvernement entre des mesures
violentes & sa déconsidération. Ils tournent
contre lui jusqu'à ses actes de justice. Rappelle-
t-il un ancien ami de la liberté ? Leurs feuilles mensongères se hâtent de publier qu'il
balance à revenir dans sa patrie, & qu'il se
défie de ses nouvelles institutions. Ils sacri-
fient à leur haine jusqu'à leur parti. Naguè-
res un malheureux fut pris, se dérobant à
une sentence rigoureuse. Ces hommes,

---

d'ailleurs estimés, & qu'il ne faut pas confondre avec
ceux dont je parle ici, d'amères & violentes sorties contre le gouvernement. J'observerai à leurs auteurs, qu'ils
n'auraient pas employé ce style sous l'ancien régime,
d'ou je conclus, prémierement, qu'ils ont tort de nous
peindre le régime actuel, comme n'étant pas plus libre
& moins vexatoire que celui de la Monarchie : & en
second lieu, qu'ils ont tort encore de croire qu'on doive
moins de ménagemens à un gouvernement républicain,
qu'à un Roi. Ce n'est pas comme Roi, mais comme
gouvernement, qu'un Roi peut exiger des égards : &
le Directoire, chargé d'administrer pour une grande
nation, a droit à tout ce qu'il y avoit de raisonnable
dans le respect ancien pour la Royauté. La superftition seule doit en être retranchée, & la décence n'est
pas la superftition.

E 4

comme pour lui ôter toute poſſibilité d'être abſous, ſe hatèrent de publier que ſon abſolution prouverait la légitimité de l'inſurrection de Vendémiaire, attachant ainſi à ſa mort l'honneur & la légalité du gouvernement, qui, heureuſement, fut mépriſer leurs provocations. Jouets forcenés d'une rage aveugle, ils ne comptent pour rien le repos de leur patrie, ni la vie de leurs amis, &, ſi le Directoire était faible, ils le forceraient à être cruel.

L'étonnement ceſſe, & l'indignation redouble, lorſqu'on apprend qu'il y a parmi ces hommes des agens de Robeſpierre, qu'un des plus marquans d'entreux fut le Panégyriſte de Collot d'Herbois. Il ne faut pas ſe laſſer de répéter cette vérité terrible : il faut redire ſans ceſſe aux Français, que les inſtrumens féroces de l'ancienne tyrannie provoquent aujourd'hui, ſous des formes royaliſtes, la même terreur dont-ils furent les ſuppôts.

CHAPITRE VI.

Des objections tirées de l'expérience, contre la possibilité d'une République dans un grand Etat.

CEPENDANT il ferait bien inutile de travailler à appaifer, à rallier, à convaincre, fi, comme nous le répétent tant d'échos infatigables, la République était impoffible.

Tout ce qui n'a pas été paraît tel. L'hiftoire ne nous offre point d'exemples d'une République de 25 millions d'hommes : on en conclut auffi-tôt qu'une République de 25 millions d'hommes eft une chimère.

Il me femble que c'eft étrangement abufer de l'expérience. Elle ne peut nous éclairer que fur ce qu'elle nous montre. Ce qui n'a pas exifté n'eft pas de fon reffort. Il faut toujours qu'elle s'appuye fur un fait, ou fur une tentative, ce qui eft un fait. Vouloir l'étendre fur l'inconnu, c'eft la déplacer de fes bafes.

Quand on pense que les Révolutions phy-
siques de la terre, les calamités politiques
des nations, les bouleverfemens des fociétés, ont mis entre nous & tout ce qui re-
monte au-delà de quatre mille ans, une
barrière infurmontable, on eft étonné de la
préfomption des hommes, qui s'autorifent
de ce qu'ils n'ont pas vu, pour décider de ce
qui eft impoffible, & qui croyent colorer leur
arrogance en la mettant toute en négations.

Ils paraiffent fur-tout abfurdes, lorfqu'on
réfléchit que l'argument qu'ils employent a
été employé il y a cent ans, il y en a deux
cent, il y en a mille, & qu'ainfi des théories antérieures ont fucceffivement argué
d'impoffibilité toutes les découvertes de l'efprit & toutes les combinaifons du hazard.

Avant la formation des grandes fociétés,
on affirmait, fans doute, qu'une fociété nom-
breufe ne pouvait fubfifter, & l'on s'ap-
puyait de l'expérience. Le vulgaire de chaque fiècle cite avec emphafe le paffé contre
l'avenir; celui qui lui fuccède le voit dé-
menti par l'évènement; mais en infultant
à fon erreur, il l'imite, & déplaçant feulement fes négations, il n'en pourfuit pas

moins, infatigablement, fes profcriptions prophétiques.

Si la Royauté, telle que nous l'avons vue en France, n'avait jamais exifté, fon impoffibilité paraîtrait évidente. Quand on réfléchit à l'idée de confier à la volonté d'un feul la deftinée de tous, on fent qu'il ne lui manque que d'être neuve, pour paraître abfurde.

Si cette Royauté n'avait exifté que dans de petits Etats, on ferait, contre la poffibilité de conftituer vingt-cinq millions d'hommes en monarchie, cent raifonnemens fpécieux.

Dans un petit état, dirait on, il eft moins dangereux de revêtir un feul homme du pouvoir fuprême, parce que cet homme eft, pour ainfi dire, fous les yeux de tous. La pitié phyfique agit fur lui, par la préfence de fa victime. Il ne peut fe faire aucune illufion. S'il eft cruel, c'eft par cruauté; s'il eft oppreffeur, c'eft par tyrannie. Dans un vafte empire, il ferait oppreffeur ou cruel par faibleffe : il fe croirait bien-faifant ou jufte, d'après le témoignage intéreffé d'une claffe environnante, & fe donnerait ainfi à lui-même des preuves des vertus qu'il n'aurait pas.

Dans un petit Etat, les fonctions du Prince refferrées dans les limites de fes poffeffions étroites, ne l'obligent point à déléguer fes pouvoirs : dans un grand pays, fon autorité fe corromprait en s'éloignant de fa fource. On peut dire de l'injuftice ce que dit Virgile de la renommée : *Vires acquirit eundo.*

L'avantage de la Royauté eft que tout foit furveillé par un feul homme & fe rapporte à un feul plan ; cet avantage difparaitrait dans une grande monarchie. Elle réunirait les inconvéniens d'une République par la multiplicité des agens, aux fléaux du defpotifme par leur arbitra ire.

Dans un petit Etat, le Prince ne peut foudoyer des armées nombreufes : fes forces militaires ne peuvent devenir des inftrumens d'oppreffion : car ce n'eft pas le nombre proportionnel des foldats, mais leur nombre pofitif qui eft dangereux. Cent hommes n'en fubjuguent pas dix mille : cent mille hommes en impofent à des millions. Le chef d'une monarchie étendue, obligé de tenir fur pied une telle armée, ferait à la

fois tyran par elle & fon efclave. Il ne pourrait réfifter lui-même à la puiffance de cette
maffe. Une vafte monarchie favoriferait in-
failliblement le defpotifme guerrier.

Enfin l'opinion de fes voifins contient le
fouverain d'un petit pays : il en eft entouré ,
quoiqu'il faffe ; il ne peut ni leur échapper,
ni les braver, ni les oublier; ce frein dé-
viendrait nul pour le monarque d'un vafte
empire; l'opinion fe briferait contre fes fron-
tières, & ne parviendrait jamais jufqu'à lui.

Je craindrais de fatiguer le lecteur, en
détaillant plus au long tout ce qu'on pourrait alléguer en faveur d'un idée fauffe : j'en
ai dit affez pour prouver, que cette manière
de raifonner ne conduit qu'à l'erreur. On
ne peut arguer d'impoffibilité abfolue aucune
forme de gouvernement. Ne reffemblons
plus à ces peuples ridicules, qui, dans leurs
cartes géographiques, mettent au-delà des
pays qu'ils connaiffent, & ils ne connaiffent
que le leur , terres inhabitables, fables, &
déferts.

Il en eft des gouvernemens comme du
corps humain. Pour qui le confidére abf-
traitement, il paraît ne pouvoir réfifter un

feul jour aux chocs auxquels il eft expofé. Un célèbre anatomifte n'ofait faire prefqu'aucun mouvement : il n'y en avait aucun,
difait-il, qui, vu la fragilité de notre ftruc-
ture, ne mit notre vie en danger.

Les gouvernemens fubfiftent en dépit des
théories, parce que dans toutes les nations,
la maffe veut effentiellement & prefqu'exclufivement le repos : elle fe plie à tont ce qui
éft tolérable, &, par fa flexibilité, elle rend
tolérable ce qui d'abord ne l'était pas.

CHAPITRE VII.

Des avantages du Gouvernement Républicain.

SI toutefois, de ce qu'en dépit des Théories, tous les gouvernemens font poſſibles en pratique, l'on en voulait conclure que tous font indifférens, l'on tomberait dans une erreur groſſiére. Mon but a été de prouver, que, toutes choſes égales, la République, en France, par cc'a feul qu'elle eſt établie, devrait étre préférée. Si j'avais voulu démontrer ſa prééminence abſtraite, j'aurais allégué mille raiſonnemens que je n'ai pas même indiqués.

J'aurais porté mes regards ſur l'hiſtoire : les Monarchies s'y diſtinguent des Républiques, par leur coloris uniforme & terne. Elles condamnent une grande partie de nos facultés & de nos eſpérances à l'inaĉtivité. Or le repos eſt un bien, mais l'inaĉtivité eſt un mal ; les hommes veulent qu'on ne les agite pas, mais ils ne veulent point qu'on les paralyſe : & ſi la Monarchie, par ſa nature, met d'inutiles entraves à l'activité, c'eſt déja, quoiqu'en diſent ceux qui ſpéculent ſur le ſommeil de l'eſpèce humaine, un vice immenſe dans la Monarchie.

J'aurais obſervé que cette inactivité eſt la ſource d'un de nos plus grands malheurs, d'un malheur qui n'eſt pas ſeulement politique, mais individuel, de ce ſentiment aride & dévorant, qui conſume notre exiſtence, qui décolore tous les objets, & qui, ſemblable aux vents brûlans de l'Afrique, deſſéche & flétrit tout ce qu'il rencontre. Ce ſentiment, que ne peuvent déſigner ni les langues anciennes, ni celle du ſeul peuple, qui fut libre, dans l'Europe moderne, avant les Français, naît principalement de cette privation de but, d'intérêts, & d'eſpérances, autres qu'étroites & perſonnelles. Il pourſuit, non-ſeulement l'obſcur ſujet des Monarchies, mais les Rois ſur leurs trônes, & les miniſtres dans leurs palais, parce que l'ame eſt toujours reſſerrée, lorſqu'elle eſt repouſſée dans l'égoiſme : il y a toujours quelque choſe de terne, de flétri, dans ce qui ne regarde que ſoi, dans ce qui n'émane pas de la na-

ture

ture & ne marche pas vers la liberté. L'ambition, dans les Monarchies, lors même qu'elle veut s'élever au bien, est toujours refoulée vers elle-même. On ne peut s'oublier, on ne peut se livrer à l'enthousiasme, on n'est pas électrisé par la reconnoissance de ses égaux, on se courbe devant les remerciemens d'un maître. On se sent rapétissé de la petitesse environnante. Le honteux ennui marque de son sceau tout ce qui n'est pas ou dégradé par la servitude, ou distrait par d'ignobles jouissances, ou préservé de la contagion par l'étude & l'isolement : & si la République, qui s'élève, éprouve encore tant d'entraves, & sur-tout rencontre tant d'inertie, c'est à l'éducation monarchique qu'il faut s'en prendre. Les caractères font encore trop petits pour les esprits : ils font énervés, comme les corps, par l'habitude de l'inaction ou par l'excès des plaisirs. La liberté, qui s'établit, pour ainsi dire, malgré les hommes, sent, presqu'à chaque instant, plier entre ses mains les instrumens dont elle se sert.

J'aurais ajouté qu'aujourd'hui, plus que jamais, l'inactivité ferait un supplice pour un peuple accoutumé depuis six années à s'oc-

cuper des plus grands intérêts & à exercer
toutes ſes forces dans la carrière immenſe
qui vient de s'ouvrir devant lui. Ceux qui
travaillent pour la Royauté gémiraient les
premiers de leurs ſuccès. L'agitation de la
route les étourdit ſur le but : mais à l'excep-
tion du petit nombre, qui continuerait à
agir en opprimant, les autres ſe trouveraient
accablés de l'immobilité à laquelle les con-
damnerait leur propre ouvrage.

La Monarchie, d'ailleurs, déplace plutôt
l'ambition qu'elle ne l'éteint : la ſortant de
la route tracée par la loi, elle la pouſſe
dans celle de l'arbitraire, mettant ainſi ſeulement plus de baſſeſſe dans l'agitation, con-
damnant l'eſpérance à la perſonnalité, & dé-
gradant, tandis que l'ambition populaire
élève, alors même qu'elle ényvre.

J'aurais recherché enfin, ſi la ſublime découverte du ſyſtême repréſentatif, en con-
ſervant le but ſublime de l'ambition Républi-
caine, & en modérant ſa fermentation, n'é-
tablit pas un juſte milieu, & ſi, même, cet
avantage n'eſt pas en raiſon de l'étendue
d'une République, parce que la grandeur
des objets fait diſparaître les petites paſſions,

exclut les petits moyens, & met entre les hommes, une diſtance, qui ne leur permet plus de s'abſorber dans leurs différents, leurs intéréts ou leurs jalouſies perſonnelles.

A l'objeċtion répétée de la complication des reſſorts, j'aurais répondu que le même nombre de reſſorts eſt toujours néceſſaire. La ſimplicité prétendue de la Monarchie eſt illuſoire. Un Roi, comme tout pouvoir exécutif, eſt forcé de déléguer ſa puiſſance, & la Royauté ne fait que rendre ces délégations inévitablement arbitraires & ſouvent abſurdes.

Aux abus de la liberté, j'aurais oppoſé les abus de la puiſſance. La puiſſance eſt plus ényvrante que la liberté. Une puiſſance très-étendue eſt par elle-même une choſe abuſive : tout ce qui en découle doit ſe reſſentir de ſa ſource : enfin l'abus de la puiſſance, promettant des plaiſirs & plus nombreux & moins définis, offre beaucoup plus de tentations que l'abus de la liberté.

J'aurais eu à développer un avantage trop peu remarqué, de la République ſur la Monarchie, c'eſt la conſervation des formes libres.

On reproche fréquemment aux Républi-

ques de déguiſer l'oppreſſion & de proſti-
tuer les noms les plus ſaints à la plus affreuſe
tyrannie ; c'eſt ſans doute un grand mal :
mais ceux, qui, dans cet abus, ne voyent
qu'un mal, me paraiſſent n'enviſager qu'un
côté de la queſtion.

On connaît aſſez le pouvoir des mots ſur
les hommes. Ce pouvoir eſt quelquefois bien
funeſte, mais il a ſouvent une grande utilité.

Les mots ont ſur nous une telle influence qu'ils ramènent les idées. Séparés
d'elles, par une cauſe étrangère, ils s'y re-
joignent, dès que la cauſe n'exiſte plus.
Les formes perpétuent l'eſprit, & bien qu'elles puiſſent être horriblement perverties,
elles reſſemblent à ces arbres qu'il eſt facile
de plier, mais dont l'élaſticité les redreſſe,
lorſqu'on ceſſe de les comprimer.

Les formes républicaines conſervent une
ſorte de tradition de liberté, qui ſe ratta-
che au vrai, après les interruptions cauſées
par la tyrannie ; les formes deſpotiques, au
contraire, conſacrent l'eſclavage, de manière que l'eſprit ſervile ſurvit à la ſervitude,
& que la chûte d'un maître ne trouve dans

le cerveau des efclaves, aucune fibre qui rétentiffe à l'indépendance.

Si les horreurs de Robespierre s'étaient exercées au nom d'un droit divin, d'une foumiffion implicite, ou même au nom de l'ordre & du repos, prétexte des monarchies, le 9 Thermidor, ne rencontrant que les idées de droit divin, de foumiffion implicite, aurait arrêté les maffacres, mais n'aurait pas rappellé la liberté.

Ce n'eft pas faute de révolutions, que les peuples de l'Afie n'ont jamais été libres; c'eft faute d'avoir eu des mots & des formes, qui, à l'inftant même ou le joug était brifé, leur montraffent un autre but, que celui de fe replacer fous un joug nouveau.

J'aurais appliqué les mêmes obfervations à la morale. A cet égard auffi, les formes ramènent le fonds. La corruption s'encourage par l'exemple & diminue en fe déguifant. On fe dégoute du vice quand fon réfultat n'eft que la contrainte. On entre dans le férieux d'un rôle qu'il faut jouer fans ceffe & adroitement, & l'on devient par habitutude, ce qu'on voulait d'abord paraître par hypocrifie. La République ne peut pas fub-

fifter fans de certains genres de moralité;
mais comme tout dans la nature tend à fe
conferver, elle ramène les genres de moralité qui font néceffaires à fon exiftence.

J'aurais enfuite obfervé, que la théorie de
la monarchie n'eft pas une idée ifolée, mais
qu'elle eft liée intimément à une queftion
tout autrement importante, & dont les conféquences s'étendent fur toutes les branches
de l'ordre focial, je veux dire, l'hérédité,
l'inégalité des rangs. Un Roi ne peut exifter fans nobleffe. Il faut donc examiner les
avantages & les inconvéniens de l'hérédité.

L'un de fes premiers avantages, c'eft d'é-
tablir, dit-on, une forte de gouvernement
d'opinion, de fubordination d'égards, qui
difpenfe le gouvernement proprement dit,
d'employer fes moyens directs, & qui, pré-
parant à la foumiffion la maffe du peuple,
peut feule l'y maintenir.

Il me femble qu'on s'exagère beaucoup
l'empire des fouvenirs fur la multitude. Les
fouvenirs font une monnoye, qui n'a guères
cours que dans les claffes intéreffées à lui
conferver une valeur. Ces claffes feules font
capables de reffentir ce qu'on appelle de la

confidération. Il faut à l'ame un haut dégré
de rafinement pour s'ouvrir à cette efpèce
de fuperftition erronée, mais délicate, dont
la chevalerefque exiftence fe compofe des
nuages du paffé. Les ames groffières y font
fermées, comme à toutes les fenfations mo-
difiées, compliquées, vagues, & mélancoli-
ques. Celles qui en font fufceptibles, n'ont
pas befoin de ce frein : elles ne le feraient
pas moins d'un refpect plus raifonné.

Quant au peuple, ce qu'il refpecte, c'eft
la puiffance. S'il paraît attacher à l'idée de
la nobleffe, un fentiment de vénération plus
profond que celui qu'il témoigne même aux
parvenus puiffants, c'eft qu'il croit plus à la
durée de la puiffance dans les nobles. Ce
n'eft pas fur le paffé, mais fur l'avenir que
fe porte ce fentiment : ce n'eft pas de la
mémoire, mais de la prévoyance. La preuve
en eft, que, lorfqu'il eft convaincu que la
nobleffe eft pour jamais féparée du pouvoir,
le preftige fe diffipe auffi-tôt. On n'a qu'à
voir comment, dans les pays les moins libres, il traite ces nobles, dépouillés & fans
patrie, quelques foyent les noms qu'ils trai-
nent dans leurs malheurs. Or l'habitude de

F 4

voir la puiffance attachée à de certaines char-
ges, au lieu de la voir unie à de certains
noms, produirait fur le peuple l'effet de la
nobleffe, c'eft à-dire, la conviction que le
pouvoir eft irrévocablement là.

Pour que la nobleffe ait de l'influence fur
la claffe qu'il faut contenir, une puiffance
durable lui eft donc néceffaire, & avec une
puiffance durable la nobleffe devient inutile.

Le feul avantage inconteftable de l'hérédité, eft de conferver dans l'adminiftration,
un efprit uniforme, ou qui du moins, ne fe
modifiant qu'infenfiblement, s'oppofe à tout
changement brufque & prévienne toute con-
vulfion : mais cet avantage fe retrouve, &
même à un bien plus haut degré, dans une
forme de gouvernement, qui, renouvellant
par partie les dépofitaires de l'autorité, fait
de l'autorité elle-même un être abftrait, im-
mortel & immuable.

Après avoir ainfi réfuté les avantages ap-
parens de l'hérédité, j'aurais fait reffortir
fes inconvéniens réels.

Ceux qui repréfentent l'hérédité comme
l'effet & le complément de l'inégalité naturelle, avancent un groffier fophifme; c'eft

au contraire la deſtruction de cette inégalité, c'eſt un nivellement en ſens inverſe.

Eſt-ce un bien que l'inégalité naturelle?
reſpectez-la dans vos inſtitutions. Laiſſez entre les hommes la diſtance des facultés, des
talens, de l'induſtrie. Cette diſtance n'irrite
pas, parce qu'elle paraît toujours poſſible à
franchir. Un ſentiment profond dit à l'homme, que la volonté ferme, le courage, la
méditation peuvent le placer à tous les rangs.
Lorſque ſa fierté ne l'élève pas, ſon indolen-
ce l'endort, & ſon amour propre le conſo-
le, en careſſant cette vague & flatteuſe poſſibilité. Il ne frémit pas, eſclave déſarmé;
il ſe livre au repos, après avoir volontaire-
ment dépoſé ſes armes.

Eſt-ce un mal que cette inégalité? pourquoi donc élever, à côté d'elle, une nouvelle
inégalité qui ne la détruit pas, mais qui l'attaque? Faire du hazard une puiſſance ennemie de la nature, n'eſt-ce pas doubler le
danger des chocs? pour établir l'ordre,
vous imaginez deux forces contraires, dont
l'une écraſe par ſa maſſe, dont l'autre bou-
leverſe par ſa violence? exiſte-t-il ſi peu d'é-
lémens de diſcorde, qu'il en faille créer un

nouveau, qui, ne pouvant s'allier à nul autre, les éloigne, les divise, les tienne
dans un éternel & convulsif mouvement?

Les Royalistes en appellent, contre la
République, à l'histoire; j'en aurais appellé,
à l'histoire aussi, contre l'hérédité.

Cette institution a dans chaque siècle,
excité une révolte, allumé une guerre,
causé un massacre. L'Angleterre, l'Allema-
magne, la France, l'Italie, nous montrent
également les paysans courant aux armes
contre les Seigneurs. Par-tout nous voions
l'espèce humaine protester, en traits de sang,
contre cette insulte faite à ses droits. La Jac-
querie, les Anabaptistes, les Levellers, &
tant d'autres, se sont levés successivement.
La cruauté, attribut des esclaves, a déshonoré leur cause. La Réligion les a égarés.
Mais une institution qui a causé tant de calamités, est elle une institution protectrice?

Tout ce que vous dites pour l'hérédité,
les anciens le disaient pour l'esclavage, &
les Ilotes fesaient trembler Sparte, qui les
assassinait pour les contenir, & Spartacus
épouvantait Rome.

Tout ce que vous dites pour l'hérédité,

les Patriciens le difaient dans le fénat , & ;
depuis Sp. Caffius jufqu'à Céfar , les factions
déchirèrent la République , & les Plébéiens,
toujours foulevés contre l'oppreffion , fini-
rent par anéantir la liberté.

Tout ce que vous dites pour l'hérédité,
les Colons le difent dans le Code noir , &
les nègres , fans ceffe , enfanglantent les colonies , & les horreurs, qu'ils commettent ,
nous font rougir de l'homme , & détefter
prefque autant les opprimés que les oppreffeurs.

Ne vous y trompez pas : ces crimes ne
font pas ceux de la liberté qui reclame ,
mais de la tyrannie qui envahit : la liberté
n'eft qu'une défenfe , les privilégiés font les
aggreffeurs.

Enfin , quand l'hérédité n'entrainerait point
ces inconvéniens terribles , il y aurait encore
à faire contre ce fyftême un raifonnement
bien décifif, c'eft qu'il ne peut plus fe re-
lever.

Les rois , les grands , & ceux qui les défendent femblent ignorer la puiffance des
idées. Accoutumés à ce que des forces vifi-
bles dominent d'invifibles opinions, ils ne

fentent pas que c'eft à ces opinions que cette force eft due. L'habitude les rend indifférens fur le miracle de l'autorité. Ils voient le mouvement, mais comme ils méconnaiffent le reffort, la fociété ne leur paraît qu'un groffier méchanifme. Ils prennent le pouvoir pour une caufe, tandis que ce n'eft qu'un effet, & ils veulent fe fervir de l'effet contre la caufe.

C'eft cependant aux idées feules que l'empire du monde a été donné. Ce font les idées qui créent la force, en devenant ou des fentimens, ou des paffions, ou des enthoufiafmes. Elles fe forment & s'élaborent dans le filence; elles fe rencontrent & s'électrifent par le commerce des individus. Ainfi foutenues, complettées l'une par l'autre, elles fe précipitent bien-tôt, avec une impétuofité irréfiftible.

Jamais une idée mife en circulation n'en a été retirée (e). Jamais une révolution

_____

(e) Quelques hommes, affez éclairés pour avoir renoncé à combattre les idées par la force, croient encore qu'on peut les combattre par d'autres idées, & imaginent en conféquence d'oppofer aux vérités, qu'ils refondée fur une idée n'a manqué d'en établir

---

gardent comme dangereufes, des préjugés, qui leur femblent falutaires.

C'eſt la grande reſſource qu'indiquent aujourd'hui
aux Rois les écrivains de leur parti. Quand le temps
détruit un préjugé, dit l'un des plus remarquables
d'entr'eux, un légiſlateur fage doit le remplacer auſ-
fi-tôt par un autre.

C'eſt une erreur. Il faut obſerver d'abord que les
idées ſont indépendantes des hommes. Comme tout
dans la nature, elles ont leur marche, leurs progrès,
leurs développemens. Elles ſe forment des ſenſations,
des expériences, des événemens, toutes circonſ-
tances extérieures, qui ne nous font nullement fou-
mifes.

Il eſt donc impoſſible d'établir des idées, que la
force des choſes n'amène pas, de faire rétrograder
celles que la force des choſes a amenées, ou de rendre une valeur à celle dont le règne eſt paſſé.

Les idées qu'on veut ainſi créer pour ſon uſage,
étant ſans aucune relation avec celles qui exiſtent né-
ceſſairement, ne peuvent s'allier à rien, ni jetter aucune racine. Elles ne forment point un tout, & de
la forte, étant iſolées & ſans appui, elles ne tardent pas
à difparaitre.

Elles reſſemblent à ce patriotiſme d'imitation, à
l'aide duquel on croit rétablir l'égalité, entre des ſol-
dats ſans patrie, & ceux qui défendent la leur.

Un prémier déſavantage des préjugés eſt par conſé-
quent de ne pouvoir être employés, lorfqu'on en a
befoin, & de manquer préciſément à l'époque, où ils
feraient le plus néceſſaires.

Un fecond inconvénient, c'eſt l'impoſſibilité de les
diriger, & de prévoir leurs réfultats. Comme ce n'eſt

l'empire, à moins que l'idée ne fut incom-

---

qu'en brifant la chaîne du raifonnement, en fauffant
l'efprit, en l'empêchant de marcher, felon fa defti-
nation, du principe à la conféquence, qu'on lui donne
un préjugé, on ne peut jamais être fur, que cette
opération, qu'on lui fait faire, ne fe répétera pas fans
ceffe, ni favoir quelle conclufion tirera de ce préjugé
celui qui l'a adopté On a donc à craindre, des idées
fauffes, non feulement leurs réfultats immédiats &
naturels, qui font ordinairement funeftes, mais
tout ce qui paraît le moins en refulter. Qui peut tracer
la route que fuivra un efprit forti de celle de la raifon ?
la vérité eft une, mais l'erreur eft multiforme. Une idée
fauffe eft une impulfion défordonnée dont la direction
eft incalculable. En donnant cette impulfion, & par
l'effort même qu'il a fallu faire pour la donner, on
s'eft mis hors d'état de la conduire. Qui garantira
qu'un efprit, qui ne fuit plus la direction jufte, ne
s'écartera pas de nouveau de celle qu'on a voulu lui
fubftituer ? Pourquoi tirerait-il de l'idée, qu'on lui
a fait adopter, une conféquence plus raifonnable,
que de celle dont on lui a fait tirer une conféquence
fauffe ? Il y a, au contraire, une caufe de plus, pour
qu'il tombe dans une nouvelle erreur, puifqu'il en a
pris l'habitude. Les préjugés par leur effence doivent
échapper, fans ceffe, à qui veut les employer.

Tout au plus on peut profiter de ceux qui font
établis depuis longtems, parce que l'expérience, fup-
pléant à la logique, apprend les conféquences qu'en
tirent ceux qui les admettent. Mais cet avantage lui-
même eft bien éphémère, d'abord, parce que les hommes tendent toujours au vrai, & que les idées fauffes perdent chaque jour du terrein ; enfuite parce que
les progrès de la vérité, modifiant même ces idées,

plette. Alors la révolution n'était qu'un fymp-
tome avantcoureur d'une crife , & elle s'êft
achevée dès-que l'idée complette eft reve-
nue à la charge (f).

Celle de l'égalité eft une idée mère, qui
n'a jamais été tout-à-fait expulfée du cœur
de l'homme. Il a mêlé cette idée à tout.
Il n'y a pas une Religion naiffante, qui ne
l'ait confacrée, & il a toujours fallu, que la
fraude facerdotale dénaturât l'inftitution,
pour l'en écarter.

L'origine de l'état focial eft une grande
énigme, mais fa marche eft fimple & uniforme, Au fortir du nuage impénétrable,
qui couvre fa naiffance, nous voyons le

---

en détruifant leur enfemble , changent indirectement
l'effet de celles qu'ils n'attaquent pas encore de
front.

(f) Ce qui trompe quelquefois fur le fuccès des
Révolutions, que produifent les idées, c'eft qu'on
prend des acceffoires pour le but principal. Ainfi par
exemple on croit que la Révolution d'Angleterre, en
1648, a échoué, parce que la Royauté a été réta-
blie. Mais ce n'était pas l'idée de la République, qui
avait caufé la Révolution, c'était celle de la liberté
religieufe. La République n'était qu'un acceffoire, &
l'acceffoire a été manqué. L'idée dominante, le repouf-
fement de la théocracie catholique, a pleinement
triomphé.

genre humain s'avancer vers l'égalité, fur les débris d'inftitutions de tout genre (*g*).

Chaque pas qu'il a fait dans ce fens, a été fans retour. Si quelquefois on croit apper-cevoir un mouvement retrograde, c'eft qu'on prend le combat pour une défaite, & l'agi-tation de la mêlée pour la fuite.

Voyez d'abord des Caftes profcrites, im-mondes, privées de l'exiftence même qui femble inféparable de tout être humain. Cette diftinction odieufe eft reléguée chez quelques Tribus, à demi détruites, qui ne font plus des nations.

Voyez enfuite l'efclavage (*h*), moins révol-

(*g*) Un ouvrage comme celui-ci ne permet ni d'éta-blir, ni même d'expofer aucun fyftéme. Mais il y au-rait une fuperbe hiftoire à faire, de la marche de la fociété, & l'on pourrait démontrer par mille preuves, ce que deux grands hommes ont affirmé, l'un (Bou-langer) pour le paffé, d'après les traditions de l'anti-quité, l'autre (Condorcet) pour l'avenir, d'après des raifonnemens abftraits. On voit, ce me femble, claire-ment, dans les annales des peuples, l'efpèce humaine fe raffemblant après un bouleverfement phyfique, & fous une théocracie écrafante, fe mettant, pour ainfi dire, en marche, par une impulfion irréfiftible & inapperçue, & regagnant lentement & par de terribles fecouffes tous les droits qu'elle avait perdus.

(*h*) Il faut obferver que c'eft prefque toujours par

tant

tant que la proscriptions des Castes. Il a dis-
paru sans retour chez tous les peuples ci-
vilisés.

La féodalité, moins terrible que l'esclavage, lui avait succédé. Elle s'est écroulée
de même, & irrévocablement.

Elle avait été remplacée par la noblesse.
Aujourd'hui s'évanouit la noblesse, chez le
premier peuple de l'Europe, &, chez ce
peuple, du moins, elle ne se relèvera plus.

On croit pouvoir recomposer son prestige,
en la décorant du nom spécieux de magis-

---

un grand mal, que les Révolutions qui tendent au
bien de l'humanité, s'opérent, & que, plus la chose
à détruire est pernicieuse, plus le mal de la Révolution est cruel. Ce qui a détruit l'esclavage, ce sont
des institutions, qui nous ont fait acheter ce bien-
fait par 15 siècles d'abatardissement, & de calamités de tout genre. Mais la marche de l'espèce
humaine, à la fois retardée & favorisée par ces institutions, n'a pas été détournée. Aujourd'hui, ces
institutions tombent, sans que l'esclavage se relève. Le
fléau passe, le bien reste. Ce qui a détruit la féodalité, ce sont des expéditions insensées & sanglantes,
qui ont dépeuplé la plus belle partie de l'Europe. Ce
qui a fait évanouir la noblesse, c'est une Révolution,
qui, pendant 15 mois, a couvert de cadavres & de
ruines l'empire le plus civilisé de la terre.

G

trature héréditaire. C'eſt vouloir une nouvelle ſecouſſe.

Il faut enfin céder à la néceſſité qui nous
entraine, il faut ne plus méconnaître la
marche de la ſociété, ne plus amener, par
de vains efforts, des luttes ſanglantes, ne
plus trouver une conſolation, à marquer
chaque défaite par de grands malheurs,
ne plus faire acheter aux hommes leurs
droits par des crimes, & par des calamités.

Je me ſuis refuſé aux développemens
qu'exigeraient ces idées, parce que, je le
repéte, je n'écris contre aucune forme de
gouvernement, mais contre toute eſpéce de
révolution nouvelle. Je n'invite aucun état
monarchique à ſe républicaniſer, mais j'ad-
jure, au nom de tous les intérêts, de tous
les calculs, de tous les enthouſiaſmes, au
nom de tous les malheurs à prévenir, de
toutes les bleſſures à fermer, les Français
de ne pas révolutionner contre la Répu-
bliqu

CHAPITRE VIII.

Conclusion.

J'AI tâché dans ces feuilles de rattacher à la République les hommes que peuvent en éloigner des souvenirs douloureux, des calculs qui me semblent erronés, une vanité qui me paraît puérile, des espérances dont la fausseté m'est démontrée. J'ai cru du devoir de tout ami de la liberté de faire ressortir tout ce qui peut rallier à un gouvernement, de l'existence duquel la liberté dépend aujourd'hui. Qu'il me soit permis maintenant de m'adresser à ce gouvernement lui-même, & aux écrivains qui le défendent.

J'oserai représenter au premier, que le danger le plus imminent qui le menace, ne vient pas de ses ennemis ; il vient de certaines habitudes révolutionnaires, qui font le renversement de tous les principes, la perversion de toutes les opinions, & qui pèsent sur la société en masse, & sur chaque individu en particulier, à toutes les heures, & sous toutes les formes.

Ces habitudes ne font pas le réfultat de la tyrannie des Decemvirs, mais de la maladreffe des honnêtes gens. Ce qui a fait en France le plus grand mal, le mal le plus difficile à réparer, a été précifément l'impatience de faire le bien.

Robefpierre tuait, mais il ne féduifait pas. L'opinion qu'il écrafait n'était pas égarée. Elle reftait au fond des cœurs, fortifiée par l'horreur même de l'opreffion. Les honnêtes gens, au contraire, en féviffant révolutionnairement contre les brigands révolutionnaires, ont corrompu l'opinion dans fa fource. Ils ont confacré l'illégalité, en la fefant fervir au bien. Ils auraient dû profiter de toutes les calamités, effets de l'arbitraire, pour en graver la haine profondément dans toutes les ames, pour y imprimer en traits inéffaçables la conviction qu'il ne peut faire que du mal. Ils ont négligé cet immenfe avantage, & par une trompeufe expérience, ils ont prouvé que l'arbitraire pouvait être utile.

C'eft une chofe infiniment plus dangereufe de révolutionner pour la vertu, que de révolutionner pour le crime.

Lorſque des ſcélérats violent les formes contre des hommes honnêtes, on ſait que c'eſt un délit de plus. On s'attache aux formes, par leur violation même; on apprend en ſilence, & par le malheur, à les regarder comme des choſes ſacrées, protectrices & conſervatrices de l'ordre ſocial. Mais lorſque des hommes honnêtes violent les formes contre des ſcélérats, le Peuple ne ſait plus où il en eſt; les formes & les loix ſe préſentent à lui comme des obſtacles à la juſtice. Il contracte je ne ſais quelle habitude, il ſe bâtit je ne ſais quelle théorie d'arbitraire équitable, qui eſt le bouleverſement de toutes les idées; car dans le corps politique, il n'y a que les formes qui ſoient ſtables, & qui réſiſtent aux hommes. Le fonds même, c'eſt-à-dire, la juſtice, la vertu, peuvent être défigurées. Leurs noms ſont à la merci de qui veut les employer. Robeſpierre peut invoquer la patrie, la liberté, la morale, comme Lanjuinais.

Lorſque le tyran feſait faire des hymnes, qui avaient pour refrein, *point de pitié, du ſang, du ſang*, on ſavait qu'il était un monſtre, & l'horreur du ſang & l'amour de

la pitié se fortifiaient de l'exécration qu'il inspirait : mais lorsque des hommes probes & humains, entraînés par un sentiment aveugle d'indignation, ont adopté des chants où l'on parlait de *faire des hécatombes*, on a pu croire que *faire des hécatombes* était une action louable ; ainsi la justice & l'humanité se sont affaiblies, par la confiance même que l'on avait pour leurs plus vertueux défenseurs.

Il est résulté de là qu'un trait distinctif du caractere & de l'opinion du moment, un trait commun à tous les partis, c'est que l'on ne haït pas l'arbitraire en lui-même, la premiere chose qu'il faille haïr dans un pays libre, mais seulement tel ou tel arbitraire, qui contrarie nos impulsions ou nos intérêts. Tant que cette disposition durera, rien ne sera stable ; la Constitution même ne sera qu'une brochure, que chaque parti pourra fermer à son gré.

Je crois avoir prouvé que je ne méconnais point l'empire des circonstances. Mais on ne doit pas oublier combien dans ce genre l'abus est facile. Si l'on n'y prend garde, il y aura toujours des circonstances à invoquer contre les principes. Les factions marcheront de circonstances en circonstances, sans cesse en dehors de la loi, tantôt avec des intentions pures, tantôt avec des projets perfides, demandant éternellement de grandes mesures, au nom du Peuple, de la liberté, de la patrie.

C'est au gouvernement à déraciner cette habitude, qui perpétuerait la révolution. Il en a les moyens, il en a l'intérêt. Dans tout ce que le salut public exige, il y a deux manières de procéder, l'une légale, l'autre arbitraire. A la longue, c'est toujours de la premiere, lors même qu'elle ferait la plus lente, que le gouvernement se trouve le mieux. Elle seule peut lui donner une dignité & une force durables.

L'usage de l'arbitraire dénature les gouvernemens, & les met dans la classe des factions. Les Français, depuis six ans, se combattent avec des armes empoisonnées, & s'étonnent ensuite de ce que leurs combats sont meurtriers, au lieu d'être décisifs. Eh! déposez d'abord ces armes funestes! rentrez dans l'observance des loix, & lorsque vous vous reconnaîtrez mutuellement

pour des hommes qui ont les mêmes droits , &
doivent être protégés par les mêmes formes,
vous serez déjà bien rapprochés : vous vous
attaquerez avec bien moins d'acharnement ;
vos défaites seront moins sanglantes, vos vic-
toires moins déshonorées. Tant que vous con-
sidererez l'arbitraire comme un instrument
qu'il ne faut qu'arracher à votre ennemi, pour
vous en servir, votre ennemi s'efforcera de
vous l'arracher ; & jamais la lutte ne sera
terminée, parce que les moyens arbitraires
sont inépuisables.

Aujourd'hui une source épouvantable d'arbitraire est encore ouverte : il est instant de
la tarir. La plupart des loix révolutionnaires
ne sont point abrogées. Cependant l'ouvrage de Robespierre a-t-il pu lui survivre, ou
les législateurs de la France ont-ils pensé
que les Décrets d'un tel monstre, n'ayant
jamais été légitimes, ne méritaient pas d'ê-
tre annullés ? Ce silence peut avoir des effets
terribles ; je frémis, je l'avoue, lorsque je
vois, même pour des objets de peu d'importance, citer des loix promulguées depuis le 31 May jusqu'au 9 Thermidor. Hâ-
tez-vous de les frapper du néant, que leur

origine exige. Donnez à toutes celles qui font juftes & néceffaires, une fanction nouvelle, & brifez les autres : jufqu'àlors aucun citoyen ne pourra dormir en paix. Le glaive des Décemvirs paraîtra toujours fufpendu fur toutes les têtes. Soyez févères, mais foyez clairs : vous êtes affez forts pour n'avoir pas befoin de dreffer des embufcades. Diftinguez ce que vous voulez conferver de ce que vous repouffez avec une horreur qui vous honore, & qu'il n'y ait plus dans votre code de ces loix occultes qui planent dans les ténèbres, que l'innocent oublie, & que le fcélérat conferve pour le moment de fon pouvoir.

Quant aux écrivains qui fe confacrent à la défenfe de la République, qu'ils apprennent enfin à diftinguer les fonctions du gouvernement des devoirs de l'individu.

Le gouvernement ne peut entrer dans toutes les nuances des opinions. Il ne peut rechercher, fi, parmi ceux qui ne croyent pas à la République, il eft des amis de la liberté. Il doit regarder tous ceux qui ne font pas attachés à la Conftitution actuelle de la France, finon comme des ennemis, du moins comme des hommes qu'il faut obferver.

Le devoir des individus eft tout différent. Le gouvernement ne peut voir qu'en maffe, ils doivent voir en détail. Il ne peut négliger aucune caufe de précaution, ils doivent raffembler tous les motifs de tolérance. Il ne peut employer que des moyens de répreffion & de force ; ils doivent mettre en ufage tous ceux de raifonnement & de perfuafion.

Dans le gouvernement, l'indulgence qui apprécie tous les fyftémes & conçoit toutes les opinions, ferait faibleffe. Dans les particuliers, la furveillance, qui dévine tous les complots, & en impofe à toutes les déviations, ferait le déchirement de tout lien focial.

Il faut que tous deux reftent dans la carrière qui leur eft propre. Aujourd'hui que la République eft établie, le gouvernement doit tout faire plier devant le fyftême Républicain : mais les amis de la liberté doivent tout effayer pour ramener ceux que le gouvernement comprime. C'eft à eux à démêler les différences les plus légères, les plus

imperceptibles nuances, à diftinguer foi-
gneufement celui qui haït la liberté de celui qui n'a que le malheur de ne pas y croire, celui qui n'y croit pas de celui qui re-
doute l'anarchie. Ils doivent divifer l'armée
ennemie pour y reconnaître d'anciens alliés,
ou y acquérir de nouveaux transfuges. Ils
doivent ranger fous autant d'étendarts différens, ceux que différens motifs animent,
l'homme fenfible accablé par fes regrets,
l'homme timide effarouché par fes craintes,
le philofophe féduit par fes fpéculations, ou
arrêté par fes doutes, l'efclave de l'habitude,
l'ami du repos, celui de l'ordre. Ils doivent
enfin n'exclure & ne repouffer que les partifans dégradés du Defpotifme pur, ou les
fectateurs féroces du crime.

Ceux-là feuls font fans reffource : mais qui
raifonne, peut être convaincu, qui fent, adouci, qui tremble, raffuré. Il eft des argumens pour tous les efprits, des accens pour
tous les cœurs, des calculs pour tous les
intérêts.

N'imitez pas ces fatellites groffiers qui re-
crutent l'armée qu'ils attaquent, qui pré-
fentent la vérité de manière à révolter la

raifon, la liberté, de manière à flétrir l'ame,
l'efpoir, de manière à infpirer la terreur.
Ils forcent toutes les paffions, tous les fentimens, & toutes les craintes, à fe réunir
contre le fyftéme qui a le malheur d'être
défendu par eux. Ils croyent avoir bien mérité de la République, lorfqu'ils lui ont
trouvé, lorfqu'ils lui ont fait, un ennemi
de plus.

Vous, parcourez, l'olivier en main, les
plaines qu'ils ont ravagées. Vous découvri-
rez des amis, là ou ils ne cherchent & ne
rencontrent que des victimes & des captifs.

Et vous, Français, tous également détef-
tés par les ennemis de la République, foit
que vous l'ayez foutenue par votre courage, ou fanctionnée par votre préfence, ral-
liez-vous. Il s'agit de prononcer entre l'a-
brutiffement de l'homme & fa réhabilitation, entre la fuperftition & les lumières,
entre le onzième fiècle & le dix-neuvième.
Il s'agit de plus encore, de plus, non pour
les hommes, qui préférent la mort à la
fervitude, mais pour ces ames égoïftes &
timides, qui ne demandent que le repos &
qui ne fentent pas que le repos fous le defpo-

tifme n'eft que l'impuiffance dans le défefpoir; il s'agit de trouver ce repos dans la
République ou de recommencer, en fens inverfe, la route terrible que la France a par-
courue, & de retourner à la tyrannie, en
remontant le fleuve que fang qu'on a vu cou-
ler au nom de la liberté.

TABLE
DES MATIÉRES.

Préface. page 3

Chapitre I. *Des hommes qui ont attaqué la Convention.* 7

Chapirte II. *De la force que les cir-constances actuelles donnent au Gouverne-ment.* 19

Chapitre III. *Des maux actuels de la France.* 37

Chapitre IV. *Des ressentimens & des maux irréparables.* 56

Chapitre V. *Du rétablissement de la terreur.* 59

Chapitre VI. *Des objections tirées de l'Expérience, contre la possibilité d'une Ré-publique dans un grand Etat.* 73

Chapitre VII. *Des avantages du Gou-vernement Républicain,* 79

Chapitre VIII. *Conclusion.* 99

www.ingramcontent.com/pod-product-compliance
Lightning Source LLC
Chambersburg PA
CBHW060605100426
42744CB00008B/1327